경건한 소원

경건한 소원 Pia Desideria

초판 발행 1988년 7월
재판 발행 1994년 10월
3판 발행 2011년 3월 15일
저자 필립 야곱 스페너
번역자 엄성옥
발행처 은성출판사
등록 1974년 12월 9일 제9-66호

ⓒ 1988년, 2011년 은성출판사

주소 서울시 강동구 성내동 538-9
전화 070) 8274-4404
팩스 02) 477-4405
홈페이지 http://www.eunsungpub.co.kr
전자우편 esp4404@hotmail.com

출판 및 판매에 관한 모든 권한은 본 출판사가 소유하고 있습니다. 출판사의 사전 서면 허락 없이 상업적인 목적으로 번역, 재제작, 인용, 촬영, 녹음 등을 할 수 없음을 알려드립니다.

Printed in Korea
ISBN: 978-89-723-6392-7 33230

Pia Desideria

by
Philip Jacob Spener

translated by
Eum Sung-Ok

서론　　/ 5

인사말　　/ 47

제1부 교회의 타락상에 대한 개관

세속 정부의 결점　　/ 86

성직자들의 결점　　/ 86

평민들의 결점　　/ 86

이러한 결점들에서 비롯된 범죄　　/ 86

제2부 교회가 선한 상태를 회복할 가능성이 있는가? / 86

제3부 교회의 올바른 상태 회복을 위한 제안　　/ 86

찾아보기　　/ 86

17, 18세기의 기독교는 도덕적, 종교적 열심을 회복하였다. 이 부흥운동이 동시에 모든 곳에 나타나거나 모두 같은 형태로 나타나지는 않았다. 소극적인 면에서 이 운동은 종교개혁 본래의 자극이 사라진 후 교회와 그 지체들이 빠져든 교리, 예배 및 생활에 있어서의 형식주의에 대한 대표적인 반응이다. 적극적인 면에서는 개인의 생활이나 사회생활에 임한다고 여기고 있었던 하나님의 심판과 은혜의 실체 및 그것들과 개인 생활이나 사회생활과의 관계에 대한 보다 민감한 인식을 배양하기 위한 시도였다. 이 운동의 증거는 16세기 말과 17세기 초에 있었던 영국의 청교도주의, 그리고 17세기 말과 18세기 초에 있었던 유럽의 경건주의 운동에서 찾아볼 수 있다. 또 같은 시대에 가톨릭교회 안에서 발생한 얀센주의 운동과 유대교 안에서 발생한 하시딤 운동에서도 찾아볼 수 있다.

영국의 청교도 존 번연(John Bunyan), 네덜란드의 개혁가 빌렘 텔링크(Willem Teelinck), 독일 루터파의 야곱 스페너(Philip Jacob Spener), 모라비아파의 진젠돌프(Nicholas Zinzendorf), 감리교의 창시자 존 웨슬리(John Wesley), 미국의 장로주의자인 길버트 테넌트(Gilbert Tennent), 가톨릭교회의 블레이즈 파스칼(Blaise Pascal)―이들은 비록 자신이 처한 구체적인 역사적 상황[1]에 따라 각기 다르게 반응하였으나 모두 공통적인 역사의 흐름에 동참하였다.

1630년 리처드 백스터(Richard Baxter)는 소년 시절에 영국 국교도였던 자신의 부친에 대해 들은 비평을 그의 자서전에 기록하였는데, 여기에 당시의 보편적인 풍조와 상황이 나타나 있다.

처음 그들이 내가 알지 못하는 사람들을 퓨리턴(Puritan)이라고 경멸하는 말을 들었을 때, 나는 그들의 중상모략을 그대로 믿을 뻔하였다. 그러나 내 아버지가 비난을 받고 있으며 그 비난의 선봉이 주정뱅이들임을 알게 되자 나는 그것이 악의에서 비롯된 비방임을 깨닫게 되었다. 나의 부친은 공동기도서나 의식에 참여하는 데 있어서 주저하지 않았으며, 감독들을 비방하지도 않았고, 당시 달리 행하던 사람들과 사귄 일이 없으므로 형식과 기도서에 따라 기도하였기 때문이다. 그러나 남들이 무도회를 하는 주일에 성경을 읽는다거나, 하나님의 전에서 (공동기도서의 목표에 따른 형식에 의해) 기도한다거나, 주정뱅이들과 불경한 자들을 책망하거나 또는 성경이나 내세에 대해 몇 마디 말을 할 때에 아버지는 퓨리턴(Puritan), 투철한 사람(Precisian), 또는 위선자라는 비난을 받았다. 우리와 가까운 지방에 살고 있었던 경건한 교역자들도 주변에 있는 저속한 무리의 비난을 받았다.[2]

여기에는 특수한 종교적 전통의 틀 안에서의 반대와 조소를 야기하게 된 방식으로 기독교의 생활을 진지하게 영위하려는 시도가 있었다. 리처드 백스터의 부친은 영국 교회의 개혁자이었으며, 스페너는 독일 루터교의 개혁자였다.

1.

스페너의 개혁 정신을 이해하려면 그가 살고 활동한[3] 곳과 시대의 상황이 어떠했는지를 알아야 한다. 30년 전쟁이 끝나가던 1648년 독일은 300개 이상의 지방 혹은 주(州)로 나뉘어 있었는데, 이 지방들은 각기 영주 또는 그 밖의 통치자에 의해 다스림을 받았다. 당시 다른 유럽 국가에서와 마찬가지로 이들 통치자들은 자신의 권력이 하나님께서 직접 주신 것이므로 백성들의 인정을 받을 필요가 없는 절대적인 것이라고 주장하였다. 그 시대의 통치자들과 백성들의 관계에 대한 전형적인 진술을 예로 들면 다음과 같다.

비록 통치자가 경건하지 못하고 독재적이며 탐욕스러워도 백성들이 그러한 불경건이나 폭정이나 탐욕에 항거하거나 대항하는 것은 합당치 못하며, 오히려 이것을 백성들의 죄 값으로 인한 전능하신 하나님의 징계로 여겨야 한다. 따라서 백성들이 법률을 요구하는 것은 합당치 못하다. 왜냐하면 법을 제정하는 것은 통치자의 직무이며, 백성들에게는 통치자에게 순종해야 할 의무가 있기 때문이다.[4]

통치자들의 절대적인 권리는 교회에까지 영향을 미쳤다. 16세기의 개혁자들은 그들이 주도하는 국가의 종교개혁에 참여시키기 위하여 독일의 영주들을 "교회의 주요한 지체들"[5]로 여기고 의지하였다. 이러한 잠정적인 원조 요청은 결국 영구한 통제 상태를 초래했다. 17세기 후반에 이르러 많은 통치자들은 명목상으로는 교회의 지체였지만 실제로는 교회의 제도와 임명권을 장악했다. 기독교 신앙고백에 충실하며 선한 의도를 가지고 있었던 통치자들도 교회의 내적 생활에 간섭하여 심각한 해를 끼쳤다. 국가는 교회를 통제하고 교역자들은 국가의 관리가 되는 식으로 교회와 국가가 서로 연합하였다.

일반적으로 통치자는 감독회의를 통해서 교회를 지배하였다. 감독회의는 통치자가 임명하는 충성된 성직자들과 법률가들로 구성된 위원회였다. 17세기 내내 이러한 감독회의는 관료적 법률가들에 의해 좌우되었는데, 이들은 단지 법적인 기관으로서의 교회에 흥미를 가졌다.

감독(superintendents)들은 감독회의의 지시에 따라 움직였으며, 자신이 맡은 지방의 모든 교회와 교역자들을 감독하였다. 어떤 면에 있어서 이들은 주교(episcopal)의 직무까지 행사하였다. "감독"(superintendent)이라는 명칭은 "주교"(bishop)를 의미하는 그리스어에 해당하는 고대 라틴어에서 파생된 것이다.

제국의 여러 자유 도시에서도 왕국이나 공국(公國)에서와 유사한 형태를 취하였다. 의회 또는 상원에서 감독회의나 평의회를 임명하였으며, 상급 성직자가 주재하는 성직자의 모임에서는 단지 감독회의나 상원에 건의하는 정도의 일 이상은 허용되지 않았다. 자유 도시에서나 봉건 공국(公國)에서나 회중들은 교회에 파견된 교역자에게 반대할 독립된 권리를 지니지 못하였다. 통치자들이 감독회의나 감독을 통해서 지역 교회들을 지배함에 따라서, 회중들은 그 교회를 맡은 교역자의 지배를 받았다. 이들 교역자들은 때로 목사라기보다 정치가처럼 활동하였다.

17세기에도 독일의 영주들은 궁정 목사들을 거느렸지만, 이들 궁정 목사들의 영향력은 점차 감소되고 있었다. 일반적으로 그들은 다른 조신(朝臣)들처럼 통치자에게 아첨했는데, 솔직함보다는 아첨으로 유명해졌다. 군주들은 무책임했다. 어떤 군주들은 열심히 기도했지만 행동은 믿을 수 없을 만큼 방탕했다. 또 계급제도가 엄격히 지켜졌으므로 군주들과 귀족들은 백성들로부터의 존경과 헌신의 표시를 기대하였고, 실제로 그렇게 되었다. 귀족들 밑에는 전문직에 종사하는 사람들, 즉 법률가, 성직자, 부유한 시민들이 있었다. 제일 하층에는 노동자와 농부들이 있었다. 이러한 계급 구분은 교회 안에서도 분명하게 나타났다. 교회의 높은 곳에 융단을 깐 곳은 상류층의 좌석이었고, 평민들은 본당에 있는 딱딱한 좌석에 앉았다. 게다가 상류층 사람들은 세례, 결혼식, 장례식, 성찬식 등을 비밀히 (교회나 가정에서) 거행하기를 고집하기도 하였으므로 교회에서 계속 거행되는 그러한 행사는 오직 평민들을 위한 것이었다.

교회의 성직제도 역시 계급제도와 마찬가지로 엄격히 구분되어 있었다. 절대 군주들은 자기 영토 내의 종교적 통일을 통해서 정치적 이익을 얻을 수 있음을 알았기 때문에 자기의 신앙과 같지 않은 신앙을 용납하지 않았다. 개신교 내의 논쟁은 로마 가톨릭교회에 대한 반항 정신보다 더 컸다. 16세기 말부터 17세기 초에 이르기까지 과거에 루터파였던 지역들(안할트, 바덴, 헤센, 브란덴부르크)에 개혁주의가 침투함에 따라 큰 분노가 유발되었다. 이러한 감정은 각 교파의 가르침과 예배 의식을 조소하는 풍자문에 표현되어 있다. 루터파와 개혁파 교회는 신학적으로 매우 밀접한 관계에 있었으므로 이러한 논쟁은 한층 치열했다.[6] 루터파와 가톨릭교회, 루터파와 개혁파 사이에 최소한의 이해를 얻기 위한 일련의 대화가 이루어졌으나 별 소용이 없었다. 17세기의 특징은 종교적인 편협성이라고 할 수 있을 것이다. 그러나 (특히 독일의 남서부에서는) 루터교회의 대부가 개혁교회에서 베푸는 세례에 참예하고, 개혁교회 교인들이 루터교회의 예배에 참여하는 일이 있었다.

  목회자들의 교육에 있어서는 상호고백적인 논증법이 주요 위치를 차지하였다. 대학에서의 신학교육 매체로는 여전히 라틴어가 사용되었고, 그 시대의 논쟁에 근거하여 주석을 한 요약된 신학의 내용들을 기계적으로 암기하는 데 중점을 두었다. 교회 교훈의 계통적 서술이나 공적인 논쟁에서 학생들로 하여금 자신이 배운 신학을 옹호하도록 훈련하기 위한 수단으로서 아리스토텔레스의 철학이 중요한 역할을 하였다. 아리스토텔레스에 의존하는 윤리학의 논법은 궤변적이었다. 성경의 내용들이 신조 안에 적절히 표현되어 있다고 주장되던 시대에는 독자적인 성경 주석이 교육 과정에 거의 포함되지 못했다. 과거, 심지어는 종교개혁 시대에 대한 역사적 이해의 부족으로 말미암아 신학적 진술들을 영원한 진리로 간주하고, 기독교 신앙과 지적 명제들을 동일시하게 되었다.

한동안 완화되었으나 지적으로 공식화되고 배타적으로 한계가 그어진 "순수한 교훈"을 우선적으로 강조한 데 따라 다른 경향들도 나타났다. 위대한 조직신학자 요한 게르하르트(John Gerhard, 1582-1637)는 그 시대에 통용되었던 정통주의에 순응하였으나 개인적으로는 서신을 통하여 개혁의 필요성을 언급하고 중세 말기에 활발했던 신비주의를 장려하였으며, 그것을 자신의 저서 『거룩한 묵상집』(Sacred Meditations)[7]에 나타냈다. 비텐베르크 대학의 교수로서 칼빈주의에 대항한 강력한 논쟁자였던 발타사르 마이스너(Balthasar Meisner, 1587-1626) 교수는 그 시대 성직자들과 통치자들의 결점에 대해 강의하고 개선을 제안하였다. 다재다능한 인물인 안드레(John Valentine Andreae, 1586-1643)는 신학자들의 논쟁 지향성, 군주들의 교회 일에 대한 간섭, 백성들의 종교에 대한 무식 등을 비판하였으며, 적극적으로 사회개혁에 참가하였다. 그로스게바우어(Theophilus Grossgebauer, 1626-1661)는 신학자들이 건설적인 목회 사역을 하지 않고 신학적 논쟁에 몰두해 있음을 개탄하였다. 이들이야말로 광야에서 외치는 소리였다.

라틴어로 교육을 받은 목회자들은 자기들이 배운 신학을 평민들이 사용하는 언어로 옮기는 데 큰 어려움을 겪었다. 설교에 외래어로 된 인용문을 삽입하는 데 대한 당시의 불평이 이것을 증명해 준다. 전반적으로 논쟁과 논증법만 집중적으로 교육받은 목회자들이 교구민들을 교화하는 데 있어서 어려움에 직면하였으리라는 것은 분명한 사실이며, 당대의 비평들이 이것을 뒷받침해 주고 있다. 그 시대는 뚜렷이 구분된 계급 사회였기 때문에 목회자들은 많은 장애에 직면했다. 그들이 군주나 귀족들에게는 비굴하게 아첨하면서 평민들 위에 군림하였다는 당대의 불평들은 당시의 상황으로 보아 그다지 놀라운 일이 아니다. 또 그 당시 많은 목회자들이 마술을 믿었고 폭음과 폭식 등 당시 백성들이 행했던 악덕에 굴복했음도 놀라운 일이 아니다.

백성들은 대체로 주일 예배에 정규적으로 참석하였다. 그러나 기도할 때나 찬양 도중에 잡담을 하거나 걸어 다니는 것을 금지한 규정이 있다는 사실에 근거하면 그들이 예배에 집중하지 않았다는 사실을 알 수 있다. 설교자가 설교 도중에 잠을 잔다는 것은 교인들로서는 도저히 이해할 수 없는 일이었으나, 이러한 일이 빈번하게 있었다. 그래서 유명한 신학자 게르하르트(John Gerhard)가 사망했을 때에 사람들은 그가 예배 도중에 잠을 자지 않았다는 사실을 칭송하였다.[8] 백성들이 예배에 참석하는 이유는 부분적으로는 법에 의해 요구되었다는 데 있으며, 또 예배에 참석하는 것이 하나님 보시기에 선한 행위가 될 것이라고 생각했기 때문이었다. 더욱이 성찬에 참여하는 것은 하나님과의 관계에 있어서 자동적인 효과를 지니는 행위라고 간주되었기 때문에 많은 사람들은 1년 또는 계절마다, 때로는 달마다 정규적으로 성찬에 참여했다. 교회가 이처럼 외적으로는 번영하는 것처럼 보였으나 참된 기독교적 생활의 증거는 거의 찾아볼 수 없는 듯했다. 이것이 스페너(Philip Jacob Spener)가 태어나기 오래 전부터 널리 퍼져 있었던 불평이었다.

2.

필립 스페너는 1635년 1월 13일, 스트라스부르크에서 그다지 멀지 않은 라폴트스타인(Rappoltstein)의 알사티안(Alsatian) 마을에서 태어났다.[9] 그의 부친은 라폴트스타인 공작의 청지기였으며, 후에는 시의회 의원이 되었다. 스페너는 일찍부터 어머니에게서 종교적인 영향을 받았다. 그가 세례를 받을 때에 대모가 되어준 라폴트스타인 가(家)의 여인도 그의 소년 시절에 중요한 영향을 주었다. 그러나 보다 큰 영향을 준 사람은 그가 전도사, 설교자, 그리고 상담역으로 활동하던 청년 시절에 그의 목사였던 요아힘 스톨(Joachim Stoll, 1645-1678)이었다. 이 사람은 후일 스페너의 누이와 결혼했는데, 계속 존경 받는 조언자 역할을 해주었고, 스페너의 저서 『경건한 소원』(Pia Desideria)의 두 번째 부록을 써 주기도 했다.

스페너는 청년 시절 닥치는 대로 책을 읽었으며, 그의 초기의 생애는 부친의 서재에서 읽은 책들의 영향을 많이 받았다. 그가 성경 다음으로 아끼던 책은 요한 아른트(Arndt)의 『진정한 기독교』(True Christianity)라는 경건 서적이었는데, 이 책은 후일 독일뿐만 아니라 스칸디나비아에서도 널리 읽혔으며, 개척자들에 의해 아메리카에까지 전파되었다. 요한 아른트(1555-1621)는 기독교인의 생활을 영위하는 데에는 정통 교리만으로는 충분하지 못하다고 주장했고, 중세 후반에 활발했던 신비주의를 모방하고 그것을 옹호하였다. 말년에 그는 1606-1609년 사이에 최초로 출판된 『진정한 기독교』의 출판 동기를 다음과 같이 설명하였다.

첫째, 나는 스콜라 신학의 형태를 거의 그대로 채택하여 지나치게 논쟁적이고 논증적인 신학에 빠진 설교자들과 학생들의 마음을 그것으로부터 끌어내기를 원했다. 둘째, 나는 기독교 신자들을 무기력한 사상으로부터 끌어내어 열매 맺는 사상으로 인도하기 위해 제안하였다. 셋째, 나는 그들을 단순히 과학이나 이론에 그치지 않는 실질적인 경건과 믿음의 연습으로 인도하기를 원했다. 넷째, 그들에게 참 믿음과 일치하는 참된 기독교인의 생활이 어디에 존재하며, 또한 사도 바울이 갈라디아서 2장 20절에서 "그런즉 이제는 내가 사는 것이 아니요 오직 내 안에 그리스도께서 사시는 것이라"고 한 의미가 무엇인지를 설명하려 하였다.[10]

소년 시절 스페너는 당시 대륙에서 널리 읽히고 있었던 몇 가지 영국 책들의 독일어 번역판을 읽었다. 그 중에는 엠마누엘 손담(Emanuel Sontham)의 『하나님의 자녀들의 귀중한 보배』(Golden Treasure of the Children of God),[11] 루이스 베일리(Lewis Bayly)의 『경건의 연습』(The Practice of Piety, 1610?)이 있었다. 후에 그는 대니얼 다이크(Daniel Dyke)의 『자기 기만』(Self-deceit, 1614), 리처드 백스터의 『자기 부인에 대한 가르침』(The Necessary Teaching of the Denial of Self, 1650년경) 등을 읽었다. 영국 청교도들의 저서인 이 경건 서적들은 전통적인 기독교에 대해 비판적이었다. 이 책의 저자들은 자기 성찰, 진지한 거룩함의 추구, 진정한 기독교인과 그 이웃을 구분해 주는 내세적인 도덕 표준들을 옹호하였다. 그들 및 아른트는 독단적인 주지주의(主知主義)에 대항하여 엄격한 종교적, 도덕적 생활을 강조하였으나 아른트가 그들보다 더 신비적인 경향을 지녔다. 스페너의 청년 시절에 영향을 끼친 인물들 및 이러한 책의 영향력에 관해서는 그가 좋은 소년이었느냐는 칸스타인 백작의 질문에 대한 그의 대답에 나타나 있다.

나는 정말 나쁜 소년이었다. 왜냐하면 나는 열두 살 때에 사람들이 춤을 추는 것을 보았고, 사람들의 꾐에 빠져 춤을 추러 갔기 때문이다. 그러나 나는 춤을 추기 시작하자마자 공포에 사로잡혀 도망쳐 나왔고, 그 후로 다시는 춤을 추지 않았다.[12]

스페너는 16세 때에 예비학교를 마치고 스트라스부르크 대학에 입학하였다. 그곳에서 그는 특히 역사, 철학, 언어 등의 연구에 전념하였다. 2년 후 석사 학위를 받았으며, 그 후 그는 신학 연구를 계속하면서 역사학 강사로 봉직하였다. 스페너의 말에 따르면 그에게 가장 큰 영향을 준 신학 교수는 단하우어(John Conrad Dannhauer, 1603-1666)였다. 단하우어는 스페너에게 루터의 저서를 읽으라고 권했다. 또 스페너로 하여금 구원은 장차 얻을 하나님의 은사에 그치는 것이 아니라 현재 받고 있는 은사임을 생각하도록 가르쳐준 사람도 단하우어였다. 그는 스페너로 하여금 평신도에게 관심을 기울이게 하였다. 또 어떤 방면의 신학 교육에서는 라틴어보다 모국어를 사용하라고 제안하였다. 스페너는 그에게서 궤변적인 윤리학 논법을 배웠으며, 그에게 주일 성수에 대한 자신의 견해를 지지해 줄 것을 호소하였다. 그러나 이것이 이들 두 사람 사이에 전혀 차이점이 없다는 것을 시사해 주지는 않는다. 단하우어는 어느 면에서 17세기 신학의 스콜라적 전통의 대표자였지만, 스페너는 그렇지 않다.

스트라스부르크에서 보낸 스페너의 학창 생활은 다소 금욕적이며 은둔적이었다. 그는 주연(酒宴), 펜싱 경기, 무도회 등 다른 학생들이 즐기는 일에 참가하지 않았다. 또 그는 여성들의 모임에 참석하기를 꺼렸으며 친구들도 많지 않았다. 그는 일주일에 하루 저녁을 금식했는데, 아마 베일리(Bayly)의 『경건의 연습』(Practice of Piety)에 기록된 금식에 관한 제안을 따른 듯하다. 그러나 그는 건강 때문에 금식을 포기해야 했다. 그는 후일 매부가 된 요아힘 스톨(Joachim Stoll)의 충고에 따라 주일에는 세속적인 오락은 물론 신학 연구도 삼갔고, 교회에 다녀온 후 몇 명의 친구들과 함께 경건 서적을 읽고 토의하였다.

1659년 여름 신학 연구 과정을 마친 후 스페너는 2년 동안 여행을 하였다. 당시에는 이러한 일이 흔히 있었다. 그러나 스페너에게 있어 이 여행은 의미 깊은 것이었다. 그는 스위스의 바젤, 베른, 로잔, 제네바, 프랑스의 리용과 몽벨리알, 독일의 튀빙겐과 프라이부르크 등지를 여행하였다. 그는 제네바에서 프랑스의 개혁파 설교가인 쟝 드 라바디에(Jean de Labadie, 1610-1674)를 알게 되었다. 당시 라바디에의 영향력은 절정에 이르러 있었는데, 그 후에 그는 신비주의적 광신에 빠졌다. 스페너가 종종 라바디에의 이야기를 들으러 가곤

했다는 사실은 라바디에가 젊은 스페너에게 감명을 주었음을 시사해 준다. 또 약 6년 후에 스페너가 라바디에의 불어판 소책자를 독일어로 번역하여 출판한 사실은 그 감명이 계속 그에게 영향을 주었음을 나타낸다.[13] 외국의 여러 도시를 여행함으로써 스페너는 개혁파 교회 생활에 대해 더욱 잘 알게 되었으며, 특히 불어권의 개혁파 교회에서 발달된 조직적인 형태를 관찰할 수 있었다.

여행을 마치고 스트라스부르크에 돌아온 후 스페너는 강의를 맡았고, 부목사로 임명되었으며, 신학박사 학위 논문을 썼다. 또 어머니의 권유로 20세의 여인과 결혼했는데, 이 모든 일이 불과 2년 동안에 이루어졌다. 스페너는 교수 활동을 위해 준비해 왔으나 1666년 봄에 프랑크푸르트 암 마인(Frankfurt am Main) 교회의 수석 목사로 부임하라는 소명을 받았기 때문에 목표를 바꾸었다. 그는 자신이 그 직책에 적임자라고 확신했기 때문이 아니라 그것이 자신의 의무라고 생각했기 때문에 그 요청을 수락하고 독일 서부의 교역과 문화의 중심지로 갔다. 수석 목사로서의 그의 임무에는 설교, 그 도시의 중심 교회에서 성례를 집전하는 일, 12명 이상 되는 목회자들의 회의를 주관하는 일, 새로운 목회자들을 임명하는 일, 교구민들을 심방하는 일, 목회 일지를 기록하는 일 등이 포함되었다. 당시 스페너가 31세에 불과했고 동료 목회자들 중에는 그보다 두 배나 나이가 많은 사람들도 있었지만, 그는 내성적이고 소심한 성격의 사람으로서는 놀랄 만한 정열로 일에 임했다.

그는 주일 오후에 어린이들에게 교리문답을 가르치는 프로그램을 강화하는 일부터 시작하였다. 그리고 견신례 의식을 부활시키기 위해서 몇 가지 잠정적인 노력을 하였다. 그는 프랑크푸르트 정부에게 화려한 복장을 억제하고 주일에 교역을 금지하는 법률을 제정하여 시행하도록 촉구하였으나 성공하지 못하였다. 그는 특히 귀족들과 폭넓게 서신 왕래를 하기 시작했는데, 그 때문에 "독일의 영적 조언자"라는 칭호를 받게 되었다. 특히 스페너는 이 기간에 당시의 종교적 편협함을 종식시키려 노력하던 몇 사람과 개인적으로 교제했는데, 그 중 한 사람이 존 두리(John Dury, 1596-1689)[14]였다. 존 두리는 스코틀랜드 태생으로서 루터파와 개혁파를 화해시키기 위해 반세기를 유럽 대륙에서 보낸 사람이다. 한때 스페너는 자신이 루터파 형제들에게서보다 두리에게서 참 그리스도의 제자의 증거를 보았다고 선언하기도 했지만, 그는 이 스코틀랜드인의 노력이 비현실적인 것이라고 생각했다. 스페너와 교제한 또 다른 사람은 젊은 철학자 라이프니츠(Gottfried Wilhelm Leibniz, 1646-1716)였다. 그는 스페너가 프랑크푸르트에 머물렀던 초기에 잠시 그곳에 살았었다. 두 사람은 친구가 되었는데, 후에는 라이프니츠의 관심사였던 교회의 연합 문제뿐만 아니라 문학이나 역사적 주제들에 대해서 서신을 교류했다. 고타의 에르네스트 백작(Duke Ernest of Gotha)이 공식적인 견해를 요청하였을 때, 그는 칼릭스투스(George Calixtus, 1586-1656)가 개진한 교회 연합을 위한 제안에 개입하였다. 칼릭스투스는 교회가 처음 5세기 동안의 기독교 시대의 일치로 돌아감으로써 연합해야 한다고 권했다. 전승을 성경보다 더 우위에 놓은 것과는 상관없이, 이 제안이 역사를 비역사적으로 이용하고 있음을 스페너는 인식하지 못했던 것처럼 보인다. 그가 칼릭스투스의 견해에 어느 정도 공감을 표현하였으나, 실제로는 애매하고 회피적인 태도를 취하였다.

프랑크푸르트에서 지낸 스페너의 생애에서 보다 중요한 것은 평신도들의 신앙생활을 장려한 것이다. 1669년에 행한 설교에서 스페너는 다음과 같이 말하였다.

> 주일에 선한 친구들이 교회에 모이는 것, 카드놀이나 노름을 하지 않고 서로의 영성계발을 위해 독서하는 것, 그리고 교회에

서 들은 설교를 되새겨 보는 것은 얼마나 큰 유익을 주겠습니까! 서로 하나님의 비밀에 대해 이야기하며, 하나님으로부터 많은 은사를 받은 사람이 약한 형제들을 가르치는 것은 얼마나 유익한 일입니까! 혹 자신의 길을 찾지 못하는 사람이 있다면 목사에게 가서 그 문제를 밝혀 주기를 구하십시오! 그렇게만 된다면 많은 악행을 그치게 되고, 복된 주일은 모든 이들의 유익을 위해 기념되고 영성계발을 위해 거룩하게 될 것입니다. 어쨌든 우리 회중 안에 하나님의 은혜로 기독교에 대한 탁월한 지식을 지니고 있는 사람이 보편적 제사장직에 의해 자신이 받은 은사에 따라 이웃을 개혁하고 바로잡기 위해 우리 밑에서 우리와 함께 일하지 않는 한 설교자들은 강단에서의 설교만으로는 백성들의 교육을 이룰 수 없습니다.[15]

이것이 소위 콜레기아 피에타티스(collegia pietatis), 즉 거룩함을 배양하기 위해 사적인 모임을 갖는 데 대한 스페너의 최초의 언급이라고 알려져 있다. 이것이 제네바에서 이루어진 라바디에(Jean de Labadie)의 가정 집회, 영국 청교도의 "예언들", 네델란드의 개혁파나 독일 루터파에서 개최한 이와 유사한 모임에 의존하고 있음을 증명하려는 시도가 있었지만, 그러한 의존을 나타내 주는 증거는 없다. 가장 확실하게 말할 수 있는 것은 "콜레기아 피에타티스" (*collegia pietatis*)가 스페너의 과거의 경험이나 경건의 특성에서 벗어난 것이 아니며, 다른 곳에서도 유사한 현상을 일으킨 일반적인 역사적 풍토를 반영한다는 것이다.

그 이듬해인 1670년에 몇 명의 교구민들의 요청으로 영성계발을 위한 최초의 사적인 모임이 스페너의 지도하에 성립되었다. 그 모임은 매주 월요일과 수요일에 스페너의 집에서 개최되었다. 남성과 여성 모두 참석하였지만 서로 구별하여 앉았으며, 발언권은 남성에게만 주어졌다. 모임은 기도로 시작하고, 그 다음에 전 주일의 설교에 대하여 토의하거나 경건 서적을 읽었다. 요아힘 루에트케만(Joachim Luetkemann)의 『하나님의 자비를 맛봄』(*Vorschmack der götlichen Güte*)[16]과 루이스 베일리(Lewis Bayly)의 『경건의 연습』(*Practice of Piety*)을 읽고 덕을 세워주는 대화를 위한 기초를 형성하였다. 후에는 성경을 읽고 그것에 대해 토론하였다. 프랑크푸르트에 있는 몇 명의 동료 목회자들이 이 모임에 참석했지만, 대부분의 목회자들은 이에 대한 판단을 보류하였다.

3.

스페너는 많은 저서를 남겼지만[17] 그로 하여금 그 시대 사람들의 주목을 받고 명성을 얻게 해준 최초의 저서는 『경건한 소원』(*Pia Desideria*)이다.

프랑크푸르트의 어느 출판업자가 당시 인기를 모으고 있던 아른트의 교회력에 맞춘 복음서 설교집(1615년에 초판이 출판됨)의 개정판을 춘계 도서 박람회에 맞추어 출판할 계획을 세우고, 스페너에게 개정판의 서문을 써 달라고 부탁했다. 스페너는 그 기회를 이용하여 자기가 오랫동안 생각했던 것 몇 가지를 기록하였다. 그는 습관대로 원고를 제출하기 전에 그 서문의 내용을 프랑크푸르트의 동료 목회자들과 함께 토의하여 그들의 격려를 받았다. 이 서문은 즉시 화젯거리가 되었다.

6개월 후에 스페너는 이 서문에 "모든 관리들과 목회자들에게"라는 부제를 붙여 별도로 출판하였다. 그는 두 명의 친구의 요청을 받아들여 이 책에 부록으로 주해를 첨가했다. 1675년 가을에 344쪽에 달하는 사륙판 크기의 책이 출판되었고, 이 책은 그 다음 해에 재판되었다. 스페너는 1678년에 이 책에 유대인들의 회심에 관한 항목을 첨가하여 라틴어 판을 출판했다. 이 책의 독일어 판은 1712년에 이르기까지 세 차례나 재판되었지만, 그 후 19세기의 종교적 각성에 의해 다시 관심을 끌게 되기까지는 다시 재판되지 못하였으며,[18] 그 후로는 대개 현대 독일어로 요약된 형태로 출판되었다.[19]

이 책은 세 부분으로 나뉘어 있으며 구성은 복잡하지 않다.[20] 제1부에서는 스페너 시대 교회의 결점들을 다루며, 당시 사회의 모든 계층에 팽배해 있던 도덕적 방탕함에 주의를 환기시킨다. 그 시대에는 죄에 대해 진지하게 생각하지 않았으며, 종교적 의무는 대체로 형식적이고 피상적으로 행해졌다. 성직자들이나 평신도 모두가 잘못을 범하고 있었다.

제2부에서는 개혁의 가능성을 주장한다. 낙심할 이유가 없었다. 성경에 기록된 하나님의 약속들과 초대교회의 모범에서 보다 나은 교회의 상태를 기대할 수 있는 충분한 격려를 발견할 수 있었다.

제3부에서는 바람직한 개혁을 이루기 위해 여섯 가지 구체적인 제안을 한다. 여기에서 스페너는 광범위하게 성경을 이용하고 평신도들의 폭넓은 참여와 행동, 기독교에 있어서 신앙은 물론 행위도 중요하다는 인식, 경건과 학문을 결합한 목회자들의 교육, 설교의 목적을 영성 계발과 내면생활에 둘 것 등을 요청했다. 마지막으로 스페너 자신이 염두에 두고 있는 설교의 표본으로서 요한 아른트의

설교를 언급하였다.

1675년 가을 『경건한 소원』이 독립된 책으로 출판되기 전, 스페너는 몇 명의 지지자들에게 그의 저술에 대한 견해와 논평을 써 달라고 요청하였다. 그 중 두 개의 논평이 부록[21]으로 인쇄되었는데, 이 논평들을 합한 분량이 원래 그의 저서보다 약간 많았다. 첫째 부록은 당시 감독으로 활동하고 있던 스페너의 손아래 매부 호브(John Henry Horb)가 쓴 것이다. 호브는 대체로 스페너가 다룬 주제들의 순서를 따르면서 그에 대해 찬성하거나 찬성하지 않는다는 견해를 나타냈다. 그는 전반적으로 자신이 스페너의 의견에 공감한다고 선언하였다. 그는 신학적 논쟁과 그것을 강단에서 소개하는 것에 대해서는 찬성했지만, 스페너의 교회 규율 옹호론에 대해서는 이의를 제기하였고, 개혁의 가능성에 대해 다소 비관적이었다.

두 번째 논평의 저자는 앞에서 언급했던 인물, 즉 스페너의 큰누나의 남편이요 라폴트스타인의 궁정 목사였던 요아힘 스톨(Joachim Stoll)이었다. 그도 역시 스페너의 분석에 대체로 찬성하였다. 그러나 요한 타울러나 토마스 아 켐피스와 같은 사람들의 기독교에 대한 이해가 아직 확실히 드러나지 않았으므로, 그는 그러한 중세 신비가들의 저서를 읽으라고 권장하는 것은 잘못된 일이라고 지적하였다. 또 그는 스페너가 게르하르트(John Gerhard)보다 베일리(Lewis Bayly)를 선호한 데 반대했는데, 이는 베일리가 "비밀의 독"을 타고 났기 때문이었다. 스톨은 스페너의 유대인들의 회심에 대한 견해에도 반대했는데, 이 문제 때문에 스페너는 나중에 출판된 개정판에 이 주제에 대한 논의를 첨가하였다. 호브와 스톨의 논평은 전반적으로 호의적이었지만, 스페너는 그들의 비우호적인 논평도 그대로 출판했다.

스페너의 『경건한 소원』의 독창성에 대해 다룬 많은 글들이 있다. 19세기에 사용된 요약판은 스페너가 그 이전에 있었던 문서들이나 책들을 인용했다고 주장한다. 여기 실린 것은 완전한 원문을 번역한 것으로서(역사적으로 중요성을 인정받은 『경건한 소원』이 아직까지도 영어로 번역되지 않았음은 놀라운 일이다) 스페너가 자신을 혁신가로 여기지 않았음을 분명히 밝혀준다. 본서에서 채택한 제목 『경건한 소원』(*Pia Desideria: Pious Wishes*)은 과거에도 사용된 적이 있었으며, 여기에 수록된 비평과 제안들 및 그와 버금가는 것들을 독일 안팎에서 발견할 수 있다.

최근에 스페너가 라바디에(Jean de Labadie)의 저서인 *La réformatiom de l' église par le pastorat*(Middelburg, 1667)를 모방하

였다는 주장이 다시 제기되었다. 이 주장에 의하면, 스페너는 그 책을 알고 있는 정도가 아니라 『경건한 소원』을 저술할 때에 그 책을 "항상 책상 위에 두고 이용하였다"고 한다.[22] 그러나 알란트(Kurt Aland)는 매우 설득력 있게 이 주장을 부인했다. 그는 스페너가 자신이 인용한 여러 인물들을 의존했음이 분명하다고 지적하였다. 이 책에서는 라바디에는 물론 아른트(John Arndt)와 단하우어(John Conrad Dannhauer)의 것도 모방하였다. 왜냐하면 이들은 스페너가 성장한 배경이 되는 전통을 대표하는 인물들이기 때문이다.

스페너는 하나의 전통의 흐름 속에 서 있다. 그러나 그가 실제로 언제 그것을 의지했는지 분명히 밝히는 것은 어려운 일이다. 그가 그 전통 속에 있었음은 분명하다. 또한 그가 하나의 특이한 현상을 대표하고 있다는 사실도 분명하다. 스페너 이전이나 이후에도 동일한 주제를 다룬 많은 책들이 저술되었지만, 사상의 명료함이나 간결함, 그리고 그 목표를 파악하는 데 있어서 『경건한 소원』에 비교할 만한 것은 없었다. 개혁을 위한 수많은 제안들이 있었으나, 스페너처럼 대담하고 완전한 프로그램을 제시하지는 못했다. 스페너 이전에도 그 시대의 상태를 개혁하기 위한 온갖 사상들과 제안들이 여러 차례 제시되었다.…그러나 스페너만이 『경건한 소원』에서 발견되는 것과 같은 방법으로 종합하고 판단하였다.[23]

『경건한 소원』의 출판, 특히 한 권의 독립된 책으로서의 출판은 독일 전역에서 즉각적이고 열광적인 반응을 불러일으켰다. 몇 년 동안 스페너는 300통 이상의 편지를 받았는데, 그것들은 대부분 호의적인 논평을 담은 내용이었다. 스페너의 개혁 제안들은 논설 문헌에서 논의의 대상이 되었다. 튀빙겐 대학의 신학 교수들은 영성 계발을 위한 대화를 위해 학생들의 모임을 개최하자는 제안을 공개적으로 찬양하였다. 아브라함 칼로비우스(Abraham Calovius, 1612-1686)처럼 논쟁을 좋아하는 정통신학자까지도 열렬한 지지의 편지를 보냈다.

『경건한 소원』이 성공한 까닭은 부분적으로는 이 책이 아주 적절한 시기에 출판되었다는 것, 즉 당시의 상태를 염려하던 수많은 사람들이 스페너의 주장을 받아들일 준비가 되어 있었다는 사실에 기인한다. 그러나 그에 못지않게 중요한 것이 이 책의 내용과 특성이었다. 이 책에서 스페너는 현명하게도 당시의 상태에 대한 비난을 모든 계층, 모든 사람들을 대상으로 했다. 특정 집단만을 희생양으로 삼지 않았으며, 또 사회의 어느 한 부분만을 위해 악의 치유책을 추구하지도 않았다. 동시에 악과 그에 대한 치유책을 철저하게 열거하거나 자세히 묘사하지도 않았다. 스페너는 지혜롭게 본보기들을 선정하여 조심스럽게 제시하였다. 그는 단순히 만병통치약을 제공한 것이 아니라 내면적인 영적 갱신을 향해 앞으로 나아갈 것을 요구하였다.

스페너는 이 책에서 이제까지 자신이 관심을 가져왔으며 앞으로도 그의 관심사가 될 모든 것을 포함하는 강의 요목(要目)을 제시하였다. 그것은 신학 교육의 개혁, 스콜라 철학과 신학적 논증법에 대한 비평, 신앙의 자유에 대한 변호, 지성의 종교는 물론 마음의 종교에 대한 강조, 생활과 행위로 표현되는 신앙을 요구함, 완전주의(perfectionism)적 경향을 지닌 개인의 성성(聖性) 배양, 평신도의 지위 향상, 경건생활 촉진을 위한 사적인 집회의 권장, 신자들의 영적 제사장직의 계발, 신비주의를 인정한 것 등이다. 스페너의 요목에 포함된 항목들이 함축하는 의미가 뚜렷해지면서 『경건한 소원』에 대한 최초의 열광이 다소 식어버린 것은 그다지 놀라운 일이 아니다. 성직자들은 평신도들의 지위 향상으로 인해 자기들의 지위에 대한 위협을 느꼈고, 신학 교수들은 자기들의 학문 영역에 문외한들이 침입해 들어오는 데 분노하였고, 자기만족을 느끼는 사람들은 자신들이 친숙하고 안락하게 느끼고 있던 것들을 없애거나 변화시켜야 한다는 호소에 불안을 느꼈다.

스페너는 경건한 소모임(collegia pietatis)을 더욱 중요시하게 되었는데, 『경건한 소원』에서는 이에 대해 잠정적인 관심만 나타내는 데 그쳤다. 스페너는 교회 갱신의 시작이 모든 회중 속에 있는 참기독교인들, 남은 자들에게서 비롯되어야 한다고 생각했다. 이들이 모든 회중에게 감화를 주는 누룩의 역할을 하기 위해서는 사적인 모임에 참가하여 영성 계발을 해야 했다. 실제로 곧 그러한 모임들이 여러 곳에서 개최되었다. 그러나 스페너가 의도했던 것과는 달리 이 모임들은 때때로 서로 불화를 일으켰다. 이 모임들은 교회 내의 작은 교회(ecclesiolae in ecclesia)들로 발전하는 경향을 나타냈다. 이 모임들에 속한 어떤 회원들은 교회를 "바벨탑"이라고 헐뜯고 목회자들을 "경건치 못한 자"라고 비난하였으며, "경건치 못한 자들"과 함께 교회의 예배에 참여할 수 없다고 주장하면서 "자격이 없는" 목회자들이 집전하는 성만찬에 참여하지 않으려 했다. 도나투스주의(Donatism)와 분리주의(separatism)가 연합하였다. 때맞춰 이 사적인 모임에서 일어나는 일에 대해 좋지 않은 소문이 나돌기 시작했다. 즉 여인들이 설교를 하고, 어린이들에게 헬라어와 히브리어를 가르치며, 부인들은 집회에서 사귄 새 친구들에게 음식을 대접하려고 집에 있는 남편들을 굶게 내버려둔다거나 남자들과 여자들이 악한 정욕을 감추고 있는지 살펴보기 위해 서로가 보는 앞에서 옷을 벗는다는 등의 소문이 나돌기 시작했다.

독립 교회들과 목회자들의 비밀 집회가 결성됨에 따라 이러한 소문은 더욱 무성해졌다. 1682년 스페너는 가정에서 모이던 집회 장소를 교회로 옮김으로써 이러한 비밀 집회에 대처하려 하였으나, 이 비밀 집회의 급증을 막을 수 없었다. 스페너는 때로 자기의 지지자들에게 너무 충성하였으며, 성령을 소멸하는 것을 두려워하였고, 사람들의 의심스러운 행동을 억제하는 판단을 내리는 데 있어서 우유부단했다.

이러한 상황에서 그는 주로 저술 활동을 했다. 1677년에 그는 평신도에 대한 자신의 견해를 설명하는 동시에 성직자들과 평신도들의 권리와 의무의 차이점을 구별하기 위해서 『영적 제사장직』(*Das geistliche priesterthum*)을 저술했다.[24] 1684년에는 『타락한 기독교 신앙에 대한 비판과 올바른 신앙생활』(*Der Klagen über das verdorbene*

Christenthum Missbrauch und rechter Gebrauch)[25]을 저술하여 점증해 가는 교회로부터의 이탈에 대처하려 하였다. 스페너는 교회에 허물이 있다고 해서 교회의 가르침이 거짓이라거나 참교회가 아니라고 결론짓는 것, 또는 교회의 예배나 성례에 참여하지 않은 것을 정당하다고 주장하는 것은 옳지 않다고 말했다.

4.

스페너는 프랑크푸르트에서 20여 년 간 사역한 후 제2의 고향이라고 여겼던 이곳을 떠나 삭소니의 드레스덴(Dresden)으로 청빙되어 갔다.[26] 프랑크푸르트에서의 논쟁에 지쳤고 정부의 비협조적인 태도를 참을 수 없었던 그는 자신을 삭소니의 선거후 조지 3세(John George III)의 수석 궁정 목사로 추대하려는 시도를 받아들여 1686년 여름에 드레스덴으로 옮겨 갔다. 그러나 스페너는 조지 3세가 교회에 거의 나오지 않음을 알고 실망하였다(선거후는 5년 동안 여덟 번밖에 스페너의 설교를 듣지 않았다). 또 그는 이 선거후가 술을 마시는 것을 책망해야 할 필요성을 느꼈다. 결국 두 사람은 불화하게 되었고, 스페너가 드레스덴에 그리 오래 머물지 못하는 결과를 초래했다. 주된 임무가 설교였기 때문에 시간적 여유가 있었으므로, 그는 서신 거래를 더욱 확대하고 출판을 위해 저술 활동을 계속하였다.

이 기간에 그는 자신이 『경건한 소원』에서 다루었던 하나의 주제를 택하여 신학 연구[27]에 방해가 되는 것에 관해 저술했다. 그는 여기에서 올바른 신학 연구를 가로막는 방해물 세 가지를 언급하였다.

① 과학적 연구에 의해서만 신학을 이해할 수 있다는 그릇된 관념

② 철학과 수사학이 진정한 신학을 몰아낸 것

③ 신학 연구에 종사하는 사람들의 경건치 못한 생활.

스페너는 드레스덴에 머무는 동안 프란케(August Herman Francke, 1663-1727)라는 젊은 강사와 사귀었다. 프란케는 독일 경건주의 지도자로서 여러 면에서 스페너의 후계자라고 할 수 있다. 프란케는 성경 주해 연구를 위해 다른 두 명의 강사들과 함께 라이프니츠 대학에 성경연구회(*collegium philobiblicum*)라는 젊은 교사들의 모임을 만들었다. 스페너의 영향과 프란케의 회심의 체험으로 말미암아 이 모임의 방향은 점차 학문 연구에서 내적 경건생활의 배양으로 전환되었다. 프란케가 교수단의 반대를 받아 대학에서 쫓겨나게 되, 스페너는 그가 할레(Halle) 대학에서 일하도록 주선해 주었고, 프란케는 그곳에서 보람 있는 여생을 보냈다. 후일 프란케의 아들이 물렌

베르크(Henry Melchior Muhlenberg, 1711-1787)를 루터교의 개척자로 아메리카에 보낸 것도 이곳에서 이루어진 일이었다.[28]

이 기간에도 스페너는 함부르크에 있는 그의 지지자들과 반대자들 사이의 논쟁에 휩싸였다. 논쟁의 발단은 그곳에 과도한 관습들을 허용하는 비밀 집회들이 구성되었다는 것이었다. 그러나 실제로 논쟁은 몇몇 스페너 지지자들이 오페라를 세속적인 오락이라고 공격한 데서 비롯되었다. 엄격한 정통주의자였던 마이어(John Fredrick Mayer, 1650-1712)는 오페라를 옹호했을 뿐만 아니라 극장에 가는 것, 무도회, 카드놀이, 주연(酒宴) 등을 그다지 중요치 않은 일(adiaphora)로 규정하여, 그것들을 바르게 사용하는 것은 허용하고 그릇되게 남용하는 것만 금지하였다. 그는 성령이 비둘기의 형태로 나타나셨고, 천사들이 청년의 형상을 취한다는 사실을 근거로 하여 극장에서의 공연을 옹호하였다. 반대파에 의해 경건주의자라고 불린 사람들은 이러한 조롱을 받고 분노하여 스페너에게 도움을 청하였다. 스페너는 이론상으로는 마이어와 견해를 같이했으나, 실질적으로는 자기의 매부인 호브를 포함한 지지자들의 입장에 기울어졌다.

1691년 여름에 스페너가 드레스덴을 떠나 베를린으로 간 것은 어떤 의미에서 다행한 일이었다. 그는 루터교 감독회의의 회원, 교회

방문객의 감독자, 그리고 성 니콜라스 교회의 상임 설교자로 임명되었다. 그는 사망할 때까지 14년 동안 베를린에서 지내면서 경건주의 운동의 확산에 따른 논쟁에 더욱 깊이 휩싸였다. 1690년대에 무려 500권이 넘는 논쟁적인 소책자들이 있었다는 사실은 이 논쟁이 얼마나 광범위하게 퍼져 있었는지를 증명해 준다.[29] 경건주의자들에게 최소한 284개의 이단[30] 혐의가 있다는 비텐베르크 대학 신학교수단의 고소는 그 신랄함을 나타내 준다. 그 운동에서 과격한 무리들은 보수적인 스페너에게 속한 것으로 간주되었으며, 스페너는 퀘이커파(Quaker), 장미십자회원(Rosicrusian), 천년왕국설 신봉자(chiliast), 또는 광신자라고 불렸다. 스페너의 주위에는 극단주의자들이 많이 있었으며, 스페너는 그들과 절연하기를 원치 않음으로써 곤란을 자초했다.

스페너는 말년에 친구들의 요청에 따라 수천 통에 달하는 그의 서신들과 논문 및 견해들을 수집하고 편집하여 4권으로 출판했는데, 그의 사후에 다시 4권이 추가되었다.[31] 이 책 제1권에 수록된 글들은 스페너가 편집하여 자신의 개인적인 언급과 의심스러운 판단들을 제거한 것들이지만, 이 책에 포함된 문서들은 스페너 자신과 독일의 초기 경건주의 전반에 대한 지식의 중요한 원천이 된다. 그 문서들은 그 시대의 사람들에게 여러 가지 질문에 대한 결의론적(決疑論的)인 지침을 제공해 주었다. 무엇이 인간으로 하여금 신자가 되게 하는가? 기독교인은 온전해질 수 있는가? 만일 어떤 선행에서 악이 생겨난다면, 그 선행을 그만 두어야 하는가? 의심에 사로잡힐 때에는 어떻게 해야 하는가? 환상, 황홀경, 꿈, 특별 계시 등에 대해서는 무엇이라고 말해야 하는가? 기독교인은 이웃을 돕기 위해 스스로 가난해져야만 하는가? 기독교인들이 금이나 진주로 된 장신구를 지니는 것은 양심에 거리끼지 않는 일인가? 극장에 가거나 무도회에 참가해도 되는가? 결혼 전이나 임신 중에 성관계를 가져도 되는가? 개신교도가 가톨릭 신자와 결혼해도 되는가? 부모가 임종하면서 빈 소원은 자녀에게 구속력이 있는가? 회심하지 않은 설교자도 경건한 설교자로서 하나님의 말씀을 효과적으로 전파할 수 있는가? 그러한 설교자가 설교 도중에 막히면 어떻게 해야 하는가? 기독교인 숙박업자는 주일에 손님들에게 음식과 음료수를 제공해도 되는가? 평신도가 성만찬을 집전할 수 있는가? 신조나 신앙고백을 인정하면서 성경의 권위를 신봉하는 것이 가능한 일인가? 이러한 질문들은 스페너에게 해결을 요청한 문제들이 어떤 종류의 것이었는가를 반영해 주며, 동시에 당시 경건주의자들이 보편적으로 지니고 있던 양심의 가책들을 암시해준다.

말년에 스페너는 세례를 받는 니콜라스 진젠돌프(Nicholas Zinzendorf, 1700-1760)의 대부가 되었고, 그리하여 후일 모라비아 교회의 창시자가 된 인물과 관계를 갖게 되었다.[32] 그 후 진젠돌프와 감리교회의 창시자인 웨슬리(John Wesley, 1703-1791)가 서로 관계를 갖게 되었는데, 웨슬리는 온전한 기독교인에 대한 스페너의 견해를 더욱 발전시켰다.[33]

스페너는 1705년 2월 5일에 세상을 떠났다. 그는 죽기 며칠 전 자신의 관에 검은 칠을 하지 말라고 명했다. 그는 "나는 생전에 교회의 상태에 대해 큰 애통함을 느껴왔다. 이제 나는 승리의 교회에 들어가게 되었으므로, 내가 지상에 보다 선한 교회가 존재하게 될 것이라는 소망을 갖고 죽는다는 표시로서 나를 흰 관 속에 넣어 매장해 주기를 바란다"라고 말했다고 전해진다. 이것이 사실인지의 여부는 알 수 없으나 끝까지 다정다감하고 민감하며 낙관적이었던 인물의 정신에 적합한 말이었다.

스페너와 그의 업적을 평가할 때에 일반적으로 그는 기독교 사상의 개혁자라기보다는 기독교 생활의 개혁자였으며, 기독교 교리사보다는 기독교 경건사에 합당한 인물로 평가된다. 그러나 비록 신학에 대한 그의 관심이 실질적이었다고 해도, 그가 신학적으로 무능하거나 발언권이 없었던 것은 아니다.[34] 그는 전혀 의도하지 않았고 의식하지 못했지만, 기독교 사상의 발달에 영향을 주었다. 스페너는 도전을 받았을 때에 루터교 정통 신앙-즉 자신이 당시 루터교의 스콜라 신학을 신봉하고 있다는 것-을 옹호하였다. 그는 대체로 당시에 통용되던 신학적 구조들을 사용하였고 새로운 표현의 사용을 피하였다. 그러나 동시에 정통주의 신학의 난해성, "이교 철학"(아리스토텔레스)을 의존하는 것, 그리고 "온갖 혼란한 잡동사니들"에 대해서는 비판적인 태도를 취했다. 그는 17세기의 현학적인 궤변보다는 자신이 "사도적 단순"이라고 여긴 것에 매료되었는데, 그 까닭은 그것이 실질적으로 유용한 것이었기 때문이다. 또한 그는 학문적인 교회의 권위에 의해 부과된 것으로서 성령의 운동을 제한하는 교리적인 독재를 통렬히 비난하였다.

　이러한 비평적인 발언들은 출판된 그의 저서보다는 사적인 서신들 속에 더욱 두드러지게 나타나 있다. 그러나 기록으로 남긴 것과 언급하지 않고 내버려둔 모든 것에서 그가 강조하고자 했던 것을 찾아볼 수 있다. 그는 성경의 영감론에 대한 스콜라적 교리를 부인하려 한 것이 아니었다. 다만 그것들의 형식보다는 내용, 근원보다는 결과에 더 흥미를 느꼈다. 그는 당대의 다른 학자들과는 달리 성경에 기록된 말씀들의 역사적인 배경에 더 큰 관심을 기울였고, 그것들을 해석하는 데 있어서 전통에 그다지 구애되지 않았다. 스페너는 교회의 신앙고백을 중요하게 여겼지만, 신앙고백 속에 있는 본질적인 것과 본질적이 아닌 것을 구분하였다. 그는 신앙고백 가운데 오류라고 생각되는 것들을 지적하였는데, 예를 들면 아우그스부르크 신앙고백에 대한 변증에서는 회개를 성례라고 칭하고 죽은 자를 위한 기도를 금하지 않은 것을 들 수 있다. 그는 신앙고백이 신앙의 법이 아니라 신앙을 증언하는 것이라고 여겼으므로 그러한 단점들이 있다고 해서 신앙고백에 동의하지 않은 것은 아니다. 스페너는 특정 교리들을 다루는 데 있어서 대체로 스콜라 신학자들의 객관적인 주장들을 그대로 허용하였으나, 여기에 보다 주관적인 방향을 가미하였다. 그는 개인의 종교 경험에서 직접적인 역할을 하는 교리들만 실제로 중요한 것으로 여겨 존중하려는 경향을 띠었다. 이것은 다른 교리들을 불필요한 것으로 격하시키는 결과를 초래했다. 결국 이러한 주장은 스페너나 그의 반대자들이 예견하지 못했던 신학적 혁신을 초래했다.

스페너가 객관적인 신앙(fides quae creditur)보다는 주관적인 신앙

(fides qua creditur)을 강조했기 때문에 스콜라 신학자들이 관심을 두어 온 문제, 즉 루터파와 개혁파의 차이점은 경시(輕視)되었다. 그는 도르트 종교회의(Synod of Dort, 1618)에서 정리된 칼빈주의 예정론을 "무시무시한 가르침"이라고 공격하였다. 그는 주석적이고 교리적인 근거에서 이 교리를 공격한 것이 아니라, 그것이 하나님의 사랑에 대한 기독교인들의 확신과 믿음을 잠식한다는 실질적인 근거에서 공격했다. 성만찬에 대한 개혁교회의 인식은 스페너를 그다지 혼란하게 하지 않았다. 왜냐하면 비록 그리스도께서 성찬에 임재하시는 양식에 대한 루터교회와 개혁교회의 견해에 차이가 있었으나, 두 교회 모두 그리스도께서 성찬에 임재하신다는 사실에는 동의하고 있었기 때문이다. 스페너가 접촉하고 있었던 개혁교회에서는 도르트 종교회의의 예정론에 대한 극단적인 견해를 따르지 않았으므로, 그는 이 두 개신교 교회가 서로를 대적할 이유가 없다고 보았다. 오히려 그는 이들이 협력하여 공동의 적인 로마 가톨릭에 대항해야 한다고 호소하였다.

그러므로 스페너가 개혁교회에 대해 교리적으로 애매한 태도를 취한다는 정통주의 비평가들의 비난은 그리 놀라운 것이 아니다. 후대의 비평가들은 이러한 비난을 더 확대하여, 스페너의 모든 개혁 제안은 그가 일찍이 스위스와 알자스 지방에서 영향을 받았고 외국의 경건 서적을 읽음으로 심화된 개혁교회의 색채를 띠고 있다고 주장했다. 특히 그들은 경건주의가 루터교회에 뿌리를 내리기 전에 네덜란드와 같은 개혁파 국가에서 번성했음을 중시했다. 이 사실(그리고 세상과 자기부인을 강조한 사실)을 토대로 하여 경건주의를 외부로부터 루터교회에 도입된 "외래 요소"라고 결론짓게 되었는데, 그 근원은 개혁파 전통에 있으며, 그 기원의 보다 먼 뿌리는 중세 시대의 금욕주의에 있다고 결론을 내렸다.[35] 그러나 스페너 이전에도 루터 교회 내에 종교적/도덕적 삶의 개혁을 주장하는 많은 문헌들이 있었다는 사실로 판단하건대, 이것은 옳지 못한 주장이다.

최근의 해석[36]에 의하면, 『경건한 소원』에 대표적으로 나타난 스페너의 교회 개혁을 위한 요목의 현저한 특징은 스콜라적 전통을 배격하고 그 대신에 신비적인 영성 운동이라는 전통으로 대체할 것을 주장한 것으로서, 이 영성 운동의 근원은 중세 말기의 인물인 아른트, 타울러 등으로 거슬러 올라간다. 이 전통의 특색은 칭의(법률적인 개념) 대신에 중생(생물학적인 개념)을 중요시한 것이다. 스페너 및 그 이전의 여러 신비가들은 "재생"(rebirth), "새사람", "속사람",

"영적 조명"(illumination), "영성 계발"(edification), "그리스도와의 합일" 등의 용어를 흔히 사용하였다. 이러한 용어들은 기독교적 삶의 기원과 성장의 신비를 표현하는 것들로서, 19세기에 슐라이어마허(F. D Schleichermacher, 1768-1834)가 이것들을 사용함으로써 다시 사용되었다. 스페너는 하나님의 절대적인 능력을 희생시키지 않고서 인간의 관점에서 인류학적으로 기독교와 교회를 정의하려 하였던 것이다. 그것은 기독교의 존재를 기독교의 목표인 "온전함"[37]이라는 관점에서 보려는 시도였다.

역사적으로 위대한 인물들이 그렇듯이, 스페너도 복합적인 성품의 소유자였다. 스페너는 여러 가지 요인의 영향을 받았으므로 그 시대 사람들과 후대에 다방면에 걸쳐 영향을 주었으며, 그 영향을 단순하게 이해할 수는 없다. 그러나 그가 『경건한 소원』에 기록한 개혁 요목의 주요 사항들은 매우 분명하다. 오늘날도 우리는 이 작은 책을 읽으면서 이러한 도전들의 메아리를 감지할 수 있을 것이다.[38]

경건한 소원

"하나님이 기뻐하시는 복음적 교회의 개혁을 위한
간절한 소원과 그 목표를 위한 몇 가지 제안"

인사말

모든 복음적 교회의 지도자들과 목사들에게:

빛의 아버지가 되시며 모든 선한 것을 주시는 하나님, 우리의 목자 되시는 예수 그리스도 안에서 사랑하고 존경하는 나의 형제들과 목회자들에게 다음과 같이 허락하실 것을 기원합니다.

우리를 부르신 소망이 무엇이며, 성도들을 위한 하나님의 영광스러운 유업의 부요함이 무엇이며, 하나님의 큰 권능을 믿는 자 안에 거하시는 하나님의 무한하신 힘을 분별할 수 있는 밝은 이해의 눈을 주십시오.

활기를 잃어가는 이웃들에게 힘을 주고 격려해 주려는 부지런함과 갈망을 주십시오.

힘과 용기를 주셔서 미신의 중심지를 파괴하고, 하나님의 말씀에 대한 공격과 변론을 좌절시키고, 우리의 이성을 그리스도께 복종시키고, 신자들의 복종이 성취될 때에 모든 불순종을 벌할 수 있게 해

주십시오.

하늘에서 눈과 비가 내리듯이 하나님의 말씀은 헛되이 하나님께 돌아가는 것이 아니라 말씀의 목적하신 바를 반드시 이루신다는 것,[1] 우리의 사역으로 말미암아 경작된 땅에서 싹이 나고 이삭이 맺히며 그 이삭에서 풍성한 곡식[2]을 얻는 축복을 주시고, 그것을 기쁨으로 관찰할 수 있게 해주십시오.

우리의 사역으로 말미암아 하나님의 이름이 거룩히 여김을 받으시며, 하나님의 나라가 확장되고, 하나님의 뜻이 이루어지고,[3] 많은 영혼이 구원을 받으며 양심에 평화가 깃들고, 궁극적으로는 하나님의 거룩한 이름을 영화롭게 하기 위해서 우리의 영원한 영광이 성취된다는 사실을 깨닫는 완전한 지식을 주십시오.

하나님 안에 있는 사랑하는 형제들과 목회자들에게:

6개월 전[4]에 아른트의 주해서[5]의 개정판을 출판한 출판업자[6]가 나에게 그 귀한 책의 서문을 써 달라고 부탁하였습니다. 나는 나를 번민하게 하며 양심을 괴롭히지만 하나님의 뜻과 은혜에 따라 나에게 주어진 관심사들을 이 서문에 기록하려 하였습니다. 한편 나는 내가 애통하게 생각하는 것들이 많음을 알고 있었으며, 가끔 그것들에 대한 불평을 서로 털어놓기도 했습니다.

우리가 개탄하고 있는 비참한 상태는 모두가 알고 있는 것입니다. 만일 사람들이 이러한 상태 때문에 눈물을 흘림으로써 공감과 협조를 얻을 수만 있다면, 어디에서든지 이러한 상태에 대해 눈물을 흘릴 수 있을 것입니다. 아픔과 병이 있을 때 그에 대한 치료책을 찾는 것은 당연한 일입니다. 오늘날 그리스도의 귀한 영적 몸은 고통과 병으로 괴로워하고 있습니다. 어떤 관점에서 보면 그리스도의 몸을 돌보는 일은 개인들에게 맡겨진 동시에 또한 모두에게 맡겨졌고, 우리 모두는 그 몸의 지체이기 때문에 몸의 한 부분의 고통은 곧 우리의 고통이 되므로 우리에게는 그 고통을 치유하는 데 적절한 치료약을 발견하여 복용해야 할 의무가 있습니다.

과거에 사용되었던 가장 효과적인 치료책은 각처의 교회 지도자들과 대표들을 소집하여 공통의 병폐에 대해 논의하는 것이었습니다. 우리가 이러한 방법으로 하나님께 대하여 무엇인가를 성취할 수 있다는 소망을 간직할 수 있는 입장에 있다면 얼마나 좋겠습니까! 독실한 신자들은 이것을 얼마나 갈망해 왔는지 모릅니다! 그러나 우리가 이 일이 일어나기를 기다린다고 해도 우리는 이 소원이 실현되기 전에 죽을 것이고, 개혁은 불확실한 미래로 미루어질 것입니다.

공의회를 소집할 수 없는 현재의 상황에서 목회자들이 하나님을 경외하는 마음으로 서신을 주고받으며, 공개적으로 출판물을 통하여 중요한 문제들을 논의하며, 하나님의 백성들에게 유익한 것들을 해 숙고하는 것이 적합한 치료책이 아닐까 생각됩니다. 이렇게 함으로써 동료들의 사상들이 하나님의 사역에 관심을 갖는 다른 사람들에게 알려질 수 있을 것입니다.

오래 전부터 열심 있는 기독교 신학자들이 도처에서 저서를 출판함으로써 이와 같은 일을 행하기 시작하였으므로, 내가 최초로 그러한 제안을 하거나 그와 같은 갈망을 공개적으로 표현하는 것은 아닙니다. 그러나 나는 나의 단순한 사상을 가지고 과감하게 앞으로 나아가지 못하고 주저하게 됩니다. 왜냐하면 세상 나라에서는 물론 하나님의 나라에서도 참정권은 각 사람들의 지위나 품격에 따라 주어지는 것인데, 그러한 근거에서 볼 때 나는 모든 사람 중에 가장 부적격자라고 생각되기 때문입니다.

그러나 이와 같은 질서를 세상에서 제대로 지킬 필요가 없듯이 교회 안에서도 그대로 지킬 필요가 없을 때가 있습니다. 세상에서는 어떤 특별한 이유 때문에 어떤 모임이 하층에서부터 투표를 시작하는 관습을 도입할 수 있으며, 하위 계층의 사람들은 상위 계급 사람들에게 주어진 것보다 더 자유롭고 편견 없이 자신의 생각을 털어놓을 기회를 얻을 수 있습니다. 그리하면 상위 계층의 사람들은 보다 성숙한 숙고를 통해 하위 계층에서 제안한 것들을 수정하는 영광을 누릴 수 있을 것입니다. 그러므로 내가 하나님의 백성들을 향한 사랑에서, 그리고 하나님의 영광에 이바지하게 될 것들을 하나도 빠뜨리지 않으려는 갈망에서 이 서문에 기록한 것이 주제넘은 짓이라는 비난을 받지 않으리라고 생각합니다. 이에 대해서는 하나님이 나의 증인이 되실 것입니다.

  나는 자신의 판단에만 의지하지 않기 위해서, 또 교회에 유익을 주는 것이 아니라 오히려 해를 끼치지 않기 위해서 이곳에[7] 있는 나의 사랑하는 동료들과 동료 목회자에게 나의 글을 보여 주었습니다. 왜냐하면 도서 전시회가 임박했음을 고려할 때, 이 도시가 아닌 다른 지역에 사는 사람들과 교류하는 것은 불가능했기 때문입니다.[8] 예언자의 정신은 예언자[9]에게 속한 것이므로, 나는 그들에게 나의 글을 문자 그대로 한 마디 한 마디씩 읽어 주었을 뿐만 아니라 그들로 하여금 필요하다고 생각될 때에는 나의 글에 대해 거리낌 없이 이의를 제기하게 하였고, 그들이 제안한 몇 가지 내용을 기꺼이 삽입해 넣었습니다. 그 외의 사람들은 내 책에 포함된 모든 사실들을 인정하고 또 하나님께서 반드시 그의 사역을 축복하시리라는 소원을 표현하여 나를 격려해 주었습니다. 나는 이러한 과정을 마친 후에 이 서문을 주님의 이름으로 출판업자에게 넘겨주었습니다.

아른트의 주해서의 값이 매우 비쌌기 때문에, 또는 어떤 이들은 이미 과거에 출판된 책을 소장하고 있었기 때문에, 이 서문을 분리하여 독립적으로 출판해 달라고 요청했습니다. 심지어 여러 도시에서 출판업자에게 편지하여 만일 이 서문을 따로 출판하지 않으면 그들이 독자적으로 출판하겠다고 하였습니다. 출판업자가 나의 의견을 물었을 때, 나는 개정판을 내기로 하였습니다. 만일 이 서문이 여러 곳에서 재판된다면 인쇄상 오자(誤字)가 생길 염려가 있었기 때문이었습니다.

특히 이 서문이 최초로 발행되고 나서 몇 달 후에 나는 하나님의 포도원에서 충실하게 일하고 있는 어느 기독교 감독[10]에게 의뢰하여 매우 유익하고 교훈적인 논평을 받았기 때문에 더욱더 개정판을 발행할 결심을 하게 되었습니다. 그의 논평을 받고서 나는 그 논평을 출판하는 것이 나의 보잘 것 없는 이 서문보다 더욱 유익할 것이라고 생각했습니다. 이 논평의 저자는 자신의 영예를 추구하려 하지 않았고, 또 만일 자신이 개입되었다는 것 및 자신의 의도가 밝혀지지 않는 것이 이 논평의 출판에 더욱 유익을 주며 논평 자체의 공적에 의해서만 평가될 것이라고 생각했기 때문에 자신의 이름을 밝히려 하지 않았습니다. 그러나 교회를 위해 필요하고 유익하다면, 이름을 밝히는 것을 두려워하지 않았습니다. 왜냐하면 그는 하나님께 영광을 돌리고 하나님의 영광을 증진시키는 것이 자신의 유일한 목적이 되며, 온전히 그 목적에 따라서 행동하려는 각오가 되어 있었기 때문입니다.

내가 이 논문의 집필을 거의 마칠 무렵, 그리고 바야흐로 도서 전시회가 시작될 즈음에 또 한 편의 논평이 도착했습니다. 그것은 또 다른 신학자[11]가 쓴 것이었는데, 그분은 매우 유능하고 놀라운 능력을 하나님으로부터 받았으며 공공의 복지에 대해 많은 유익한 경험을 지니고 있었습니다. 나는 그분을 아버지처럼 존경해 왔습니다. 나는 그의 논평을 읽고서 그 글도 함께 출판하여 사람들에게 읽히고 싶었습니다. 그러나 당시 나는 이분으로부터 출판 허락을 받지 못하고 있었습니다. 도서 전시회는 임박해 있는데 그분은 먼 곳에 살고 있었으므로 속히 허락을 얻을 수 없었습니다. 그래서 몇 명의 친구들과 이 문제를 논의했습니다. 나는 교회 공공복지의 촉진을 원하는 이분의 놀라운 정열을 이미 충분히 알고 있었고, 또 그분의 논평을 출판하는 것을 꺼릴 이유가 없다고 생각했으므로 주님의 이름으로 그의 논평을 부록에 삽입하기로 결정하였습니다. 그러나 우리는 그분의 이름을 밝히는 문제에 대해서는 합의에 이르지 못했습니다.

그렇기 때문에 나도 그분의 이름을 밝힐 수 없었습니다. 혹시 나의 기대와는 달리 그가 논평의 출판을 반대한다고 해도 그의 이름을 밝히지 않는다면 비난을 줄일 수 있겠기 때문이었습니다. 그분이 나의 요청을 거절하지 않을 것이라고 확신하지만, 허락 없이 그의 논평을 출판한 나의 무례함을 불쾌하게 여기지 않으며 오히려 나의 행동을 모든 사람들에게 봉사하고자 하는 갈망에서 비롯된 것이라고 이해해 주기를 이 글을 빌어 요청합니다.

이 논평들은 한두 곳에서 나의 견해와 다른 점이 있지만, 나는 그것들을 그대로 수록하였습니다. 따라서 독자들은 이 문제를 자유로이 철저하게 생각할 수 있고, 자신이 가장 좋다고 생각하는 바를 선택할 수 있을 것입니다. 이리하여 두 편의 논평이 추가된 이 책이 다시(즉 두 번째) 인쇄되어 출판되게 되었습니다. 이 책의 목적은 많은 사람이 아니라 몇 명에게라도 감화를 주는 데 있습니다. 만일 이 책을 통하여 다른 결실을 얻지 못하더라도, 큰 하나님의 능력을 받은 사람이 이 책으로 말미암아 깨달음을 얻어서 참된 경건을 발전시키는 귀한 사역을 맡을 용기를 얻고, 이 일을 주된 과업으로 삼으며, 또한 하나님 말씀의 규칙과 일치하는 건전한 치료책의 고안, 시험, 실천 등을 철저히 고려하게 되기를 바랍니다.

얼마 전에 작고한 도르쉐(Dorshe) 박사는 정통주의를 유지하려면 교수들 간에 우애와 신뢰의 교류가 있어야 한다고 제안하였습니다.[12] 그렇게 함으로써 상당히 많은 것을 기대할 수 있을 것입니다. 이 제안이 순수한 교육을 유지하는 데 좋고 유익하고 유용한 것처럼 교회의 관습과 통치, 학자들은 물론 교회의 공직에 임명된 목회자들 간에 그러한 교류를 유지하는 것, 또 부분적으로는 공적인 저서나 사적인 저술을 통하여 주장을 개진하려는 시도도 그에 못지않게 유익하리라고 생각됩니다.

우리는 하나님이 피로 사신 양떼, 즉 매우 비싼 값을 치르고 사신 양떼를 먹이라는 사명을 부지런히 감당해야 합니다.

사랑하는 형제들, 목회자들이여, 우리가 사역을 위하여 성별되었을 때에 하나님께 한 약속과 그에 따른 우리의 관심사가 무엇인지를 기억합시다.

이제까지 우리가 등한히 한 영혼들에 대한 책임을 하나님께서 물으실 때에 우리에게 임할 엄한 징벌을 기억합시다.

최후의 심판 때에 하나님께서 우리에게 무엇을 물으실지 기억합시다. 하나님은 우리에게 학식이 얼마나 있는지, 세상에 우리의 지식을 얼마나 나타냈는지를 묻지 않으십니다. 우리가 사람들의 호감을 얼마나 받았는지, 그리고 그것을 유지하는 방법을 알고 있었는지를 물으시는 것이 아닙니다. 우리가 얼마나 칭송을 받았으며, 세상에 어떤 명성을 남겼는지를 물으시는 것이 아닙니다. 또한 우리가 자녀들을 위하여 얼마나 많은 재물들을 쌓아 두었으며, 그로 인해 우리 자신에게 얼마나 큰 저주를 쌓았는지를 물으시는 것이 아닙니다. 하나님은 우리가 얼마나 신실하고 어린아이와 같은 심령으로 하나님의 나라를 위해 일하려 했는지를 물으실 것입니다. 우리가 얼마나 경건하고 순수한 가르침과 귀한 모범을 보이면서 신도들의 영성계발을 위해 노력했는지를 물으실 것입니다. 즉 세상을 멸시하고 자기를 부인하고 십자가를 지고 주님을 본받았는지를 물으실 것입니다. 우리가 오류 및 사악한 생활을 얼마나 적극적으로 대적했는지를 물으실 것입니다. 그리고 경건치 못한 세상이나 거짓 형제들이 우리에게 가하는 박해와 역경을 얼마나 견고하고 즐거운 마음으로 인내하였으며, 또 그 역경 중에서 우리 하나님을 찬양하였는지를 물으실 것입니다.

그러므로 우리는 자신의 병이 무엇인지를 알기 위해서 부지런히 자신과 교회의 단점들을 찾아내고, 하나님께 그의 성령의 빛을 주시기를 간구하면서 그에 대한 치유책을 찾아야 합니다.

그러나 우리는 여기서 멈추지 말고 회중들로 하여금 우리가 발견한 것들이 유익하고 필요한 것임을 받아들이게 해야 합니다. 우리 스스로 선한 것이라고 여기는 것에 따라 살려 하지 않는다면, 우리의 권면은 우리에게 불리한 증거에 지나지 않을 것입니다.

만일 우리의 견해를 반대하는 사람들이 우리를 박해한다면, 그것을 우리의 사역이 주님을 기쁘시게 한다고 보증해 주는 증표로 여겨야 합니다. 왜냐하면 그러한 시험을 주신 분이 바로 주님이시기 때문입니다. 그렇기 때문에 우리는 지치거나 열심을 버려서는 안 됩니다.

자신들의 영성계발을 위해 행해지는 일들을 기꺼이 받아들이려는 사람들에게 우리 자신을 맡김으로써 시작해야 합니다. 만일 회중들 모두가 우선적으로 이 일을 위해 준비한다면 그들의 경건이 점차 성장하여 타인에게 빛나는 모범이 될 것입니다. 그리하여 때가 되면 하나님의 은혜로 말미암아 지금은 버림을 받은 듯이 보이는 사람들도 우리에게 관심을 가지며 궁극적으로 구원을 얻게 될 것입니다. 내가 제안하는 모든 것은 우선적으로 온순한 사람들을 돕는 것을 그 목적으로 하며, 또한 그들의 영성 개발을 위해 필요한 모든 일을 행하는 것을 목표로 합니다. 일단 이 일이 성취되어 기초가 확립되면 불순종하는 사람들을 향한 엄격한 훈련도 열매를 거둘 수 있을 것입니다.

우리가 이 일에 착수하기도 전에 희망을 버려서는 안 됩니다. 비록 우리가 바라던 성공을 단번에 거두지 못해도 목표를 포기해서는 안 됩니다. 인간의 힘으로는 불가능한 일을 하나님은 하시기 때문입니다. 우리가 기다리기만 하면 결국 하나님의 때는 반드시 오게 마련입니다. 다른 열매들이 그렇듯이, 우리의 열매도 인내로써 맺어져야 합니다. 우리는 다른 사람들 속에 있는 열매들을 인내로 배양해야 합니다. 주님은 놀라운 분이시며, 주님의 사역도 놀라운 방법으로 이루어집니다. 이런 이유 때문에, 우리가 노력을 게을리 하지만 않는다면 하나님의 일은 비밀리에 확실하게 행해집니다. 만일 하나님이 여러분에게 사역의 결과를 신속히 볼 수 있는 기쁨을 주시지 않는다면, 그것은 여러분이 교만하지 않도록 하시기 위한 의도에

서일 것입니다. 씨앗은 이미 뿌려졌습니다. 비록 그 씨앗이 싹이 나지 않을 것이라고 생각되더라도 여러분이 맡은 역할을 다하여 물을 준다면, 때가 되면 분명히 싹이 나고 결실을 거두게 될 것입니다.

그러므로 우리는 사역을 계속하면서 하늘 아버지를 찬양하고 열심히 기도하며, 하나님께서 원하시는 바 우리의 사역에서 거두는 성공에 만족해야 합니다. 하나님께서 말씀의 문을 차례로 열어 주시고 우리가 그리스도의 신비를 전파하여 열매를 거두기 위해서, 그리고 기쁜 마음으로 적합한 태도로 전파할 수 있기 위해서, 또 우리 자신의 가르침과 생애, 고난을 통해 하나님의 이름을 영화롭게 하기 위해서 우리는 기도로 간구하도록 서로 격려해야 합니다.

비록 보잘 것 없으나 열렬한 기도와 요청과 소망과 자애로운 중보기도를 드리면서, 나는 여러분을 주 하나님의 인도하심과 신실하신 은총 아래 위탁합니다.

1675년 9월 8일
프랑크푸르트 암 마인에서
필립 야곱 스페너

| 제1부 |
교회의 타락상에 대한 개관

주님을 찾는 모든 이에게: 하늘에 계신 우리 아버지 하나님의 은혜와 빛과 구원이 예수 그리스도로 말미암아 성령 안에서 임하기를 원합니다.

만일 시대의 표적과 그 특성을 분별하라고 하신 주님의 권면의 말씀[1]에 따라서 현재 기독교계의 전반적 상태를 기독교적이며 계몽된 눈으로 관찰한다면, 우리는 예레미야처럼 탄식하지 않을 수 없을 것이다.

"어찌하면 내 머리는 물이 되고 내 눈은 눈물 근원이 될꼬 죽임을 당한 딸 내 백성을 위하여 주야로 울리로다"(렘 9:1).

초대 기독교 황금시대의 어느 교부는 "선하신 하나님, 당신은 참으로 여러 번 나를 지켜 주셨습니다!"[2]라고 말했다. 오늘날 우리에게는 더욱 이러한 고백을 해야 할 이유가 있다. 왜냐하면 슬픔이 클수록 무슨 말을 해야 할지 모르게 되기 때문이다.

나는 큰 위험에 직면하여 두렵고 떨림으로 구원을 찾아야 하는 숨겨져 있는 교회 신자들의 슬픔을 이야기하려는 것이 아니다. 또 기독교를 반대하는 로마의 포로가 되어 이단자들 가운데 거하는 사람들, 그리스나 터키의 폭정에 시달리면서 동양에 살고 있는 사람들, 즉 어떤 이들은 무식하고 어떤 이들은 진리에 오류를 혼합하고 추문을 더하고 있는 지방에 거하는 사람들, 그리고 비록 교황을 거부한다고 하지만 가르침의 순수성을 보유하지 못했기 때문에 거짓 교리가 횡행하는 교회의 신자들의 고통을 말하려는 것이 아니다. 이와 같은 사람들의 비참함을 생각할 때, 경건한 사람들은 감상적이 되지 않을 수 없다.

표면적인 신앙고백에 따라서 지난 세기에 복된 하나님의 도구인 루터로 말미암아 다시 분명히 드러난 귀중하고 순수한 복음을 신봉하고 있으며 그 안에서만 참된 교회를 찾을 수 있다고 주장하는 복음적 교회를 살펴볼 때, 우리는 부끄럽고 고통스러움 때문에 시선을 돌리지 않을 수 없다.

비록 때와 정도의 차이가 있기는 하지만 교회의 표면적 상태를 보자면, 이 교회에 속해 있는 국가들이 오랫동안 페스트와 기근을 겪거나 성경[3]에 따르면 의로우신 하나님께서 진노를 나타내시는 증표인 바 거듭되는 전쟁이라는 재앙을 당하고 있음을 알 수 있다. 그러나 나는 그러한 재앙을 최악의 것이라고 생각하지 않으며, 오히려 일종의 축복으로 간주한다. 왜냐하면 하나님은 그러한 재앙을 통하여 많은 백성을 보존하셨고, 또한 계속적인 외적 번영으로 말미암아 사람들이 깊은 잠에 빠졌을 때에 초래될 수도 있는 해를 어느 정도 피하게 해주셨기 때문이다.

비록 인간의 눈으로 분별하기는 그리 쉽지 않은 일이지만, 우리 교회의 영적인 불행은 말할 수 없이 심각하고 위험한 상태이다. 그 이유는 주로 다음과 같은 두 가지이다.

첫째, 기독교를 대적하는 바벨(Babel)[4]이 참 교리에게 가하는 박해이다. 박해는 종종 교회의 성장을 촉진해 주는 훌륭한 수단이 된다. 사도 시대 이후 가장 심한 박해에 처했을 때에 교회가 하나님 앞에서 가장 훌륭하고 영광스러운 상태에 있었다는 사실을 알 수 있다. 그 시대에 교회의 귀중한 보화는 불순물을 허용하지 않으며 혹시 불순물이 있어도 속히 녹여 버리는 용광로 안에 있었다.[5] 그러나 우리는 과거 박해 때에 있었던 두 가지 사실을 관찰할 수 있는데, 그것들은 우리를 더욱 슬프게 한다.

한 가지 예를 든다면 많은 사람들이 박해의 두려움에 굴하지 않고 기꺼이 순교를 당하려고 과감하게 죽음을 대면하였기 때문에, 자신의 과격하고 잔인한 박해가 효과를 거두지 못한다는 사실을 깨달은 마귀는 더욱 빈틈없는 박해를 꾀하게 되었다. 마귀는 참진리의 수호자들을 더욱 끈질기고 지속적인 환란으로 공격했다. 마귀는 때로는 위협으로, 때로는 세상 영광을 보여주고 약속함으로써, 또는 신실한 목회자들을 제명하거나 제거함으로써 사람들을 진리로부터 유혹하고 그들의 자녀들과 후손들을 거짓 종교로 이끌려 하였다. 루피누스(Rufinus)[6]가 말했듯이 이런 종류의 박해는 고대 시대에 배교자 줄리안 황제(Julian the Apostate)가 채택한 것인데, 그 전에 있었던 가혹한 박해보다는 피를 덜 흘렸지만 교회에게는 더 큰 위험을 초래했다. 과거에 로마 교황도 우리를 대적하여 이와 같은 방법을 사용하였는데, 그는 그러한 방법을 시행하는 데 있어서 종종 교황청을 따르는 정부 관리들을 선동하기도 했다. 이 방법은 칼이나 불에 의한 박해보다 더 많은 해를 끼쳤다.

이어서 또 다른 일이 초래되었다. 결국 박해는 항상 신자들의 수효를 증가시켰고, 결과적으로 순교자들의 피는 교회를 위한 강력한 비료가 되었다. 따라서 세상이 보기에는 신자들이 정복된 듯 했지만 실질적으로는 승리를 거두고 있었다. 내 친구 코르트홀트(Dr. Christian Korthold)는 『고난과 인내의 모범』(*Creutz-und Gedult-spiegel*)[7]에서 기독교회사의 견지에서 이 사실을 분명히 제시하였다. 그러나 이제까지 로마 교황청은 박해라는 수단을 사용함으로써 실제로 복음이 폭넓게 받아들여져 왔거나 많은 복음의 씨앗들이 뿌려졌던 국가들과 지역들을 탈환하였다. 그리하여 이들 지역에서는 이제 복음주의적 진리를 신봉하는 고백자들이 거의 없는 상태에 도달했다. 게다가 남은 몇 사람마저 사라져 감에 따라 교황청은 자신의 목표 달성을 기대할 수 있을 듯이 보였다. 참된 교회의 외면적인 개념이 더욱 축소되고 감소됨에 따라 교황청의 경계선은 더욱 확장되고 있었다.

그러므로 우리는 박해 자체로 인해 겪는 고난보다는 박해에 따른 불행한 결과를 더욱 개탄하고 슬퍼해야 한다. 여호수아는 계속 승리를 거두어 온 군대가 아이 성[8]에서 패배하였을 때에 이러한 슬픔을 느꼈다. 또 이스라엘 백성은 베냐민 지파에게 두 번이나 쫓김을 당하여 많은 사람들이 살해되었을 때에 같은 느낌을 받았다. 그들은 자기들이 범한 죄 때문에 하나님이 그들에게서 떠나셨다고 생각하여 겸손하게 참회하며 하나님을 찾았다.[9] 하나님께서 우리를 대적하는 사람들에게 그러한 능력을 주셨다는 것은 우리 교회가 대체로 바른 상태에 있지 않다는 표식이며, 또 겉보기에는 반짝이지만 용해로의 시련을 견뎌 내지 못하는 금이 많다는 증거이다.

우리가 탄식해야 하는 두 번째 주요한 이유는 거의 모든 교회 안에 무한히 선하신 하나님께서 말씀과 성례를 제거하시지 않은 것을 제외하고는 무엇인가 부족한 점이 있다는 사실이다. 기독교의 교훈에서 요구하는 바와 동일한 상태에 있다고 자랑할 수 있는 계층[10]이 어디에 있는가?

세속 정부의 결점

신약성경에 기록된 거룩한 예언(사 49:23)에 의하면 마땅히 양부와 유모[11]가 되어야 하는 정치 계층 및 그에 속한 사람들을 살펴볼 때에, 우리는 하나님 나라를 발전시키는 일에 권세를 사용하도록 하나님이 홀과 지휘봉을 주셨음을 기억하는 사람이 거의 없음을 깨닫게 된다. 대부분의 영주들이 그러하듯이 그들은 궁중 생활에 따르는 죄와 방탕 속에서 생활하고 있는데, 사실상 그러한 죄로부터 분리될 수 없다고 여겨진다.

한편 일부 집정관[12]들은 자신의 이익을 추구하는 데만 몰두해 있다. 이러한 생활 태도로 미루어 보면, 그들이 기독교 신자가 된다거나 기독교인의 생활을 실천하는 것은 고사하고 기독교가 무엇인지도 모른다고 결론을 지을 수 있다. 그들 중 많은 사람들은 영적인 문제에는 전혀 관심을 갖지 않으며 오직 갈리오[13]의 견해에 찬성하여 세속적인 것들에만 관심을 둔다. 또 십계명 중 처음 세 계명[14]에는 관심을 갖지만 교회에 대한 봉사에는 인색한 사람들은 전통적인 순수 종교를 유지하고 거짓 종교를 막아야 한다고 강조하는데, 이것은 결코 그들에게 요구된 일이 아니다!

사실 기독교에 대한 그들의 열심은 대체로 진리를 사랑하는 데서 비롯된 것이 아니라 당파심에서 비롯된 것이다. 그들은 교권제도-수백 년 전에 살았던 사람들이 충분히 체험한 것-가 어떤 것인지를 보여주고 그 멍에에서 해방시켜 주신 하나님의 선하심에 감사하지 않고 있다. 그들에게 권력이 주어진 것은 교회를 억압하라는 것이 아니라 발전시키라는 것이었는데도 불구하고, 그들은 이 권력을 남용하였고 하나님의 감화하심을 받은 성직자들이 선한 일을 제안할 때마다 독단적으로 그것을 방해하였다. 기독교 통치자의 지배를 받는 지역의 회중들은 도움을 받기보다 방해를 받는 데 비해, 다른 종교 신앙[15]을 지닌 통치자 밑에 있는 회중들이 더 잘 지내고 있다는 사실은 슬픈 일이다. 비록 그들은 많이 인내해야 하겠지만 영성계발에 도움이 되는 경건을 실천하지 못하도록 완전히 금지되지는 않을 것이다.

성직자들의 결점

  정치 계층의 상태가 이처럼 비참하지만, 성직자들도 완전히 타락하였음을 부인할 수 없다. 따라서 교회의 타락의 근원은 대체로 이들 두 상위 계층에 있다. 어느 고대 교부는 다음과 같이 말했다.

  우리가 알다시피 나뭇잎이 시들고 말라 죽어가는 것은 뿌리가 잘못 되어간다는 것을 나타낸다. 마찬가지로 신도들의 규율이 문란한 것은 그들을 지도하는 성직자들이 거룩하지 못하다는 것임을 인식해야 한다.[16]

  나는 우리의 소명이 거룩한 것임을 인정하며, 또 하나님께서 우리 계층에 있는 몇 사람으로 하여금 주님의 사역을 진지하게 감당하도록 하셨음을 알고 있다. 나는 프라토리우스(Pratorius)[17]처럼 극단으로 치우쳐서 어린이를 목욕통 속에 던져 넣을 생각은 없다. 그러나 우리 믿음을 살피시며 모든 것을 아시는 전지(全知)하신 하나님은 내가 이러한 상황을 생각하고 이 글을 쓸 때에 느끼는 슬픔을 보고 계시다. 내가 말하고자 하는 것은 다른 계층에 개혁이 필요하듯이 성직자들에게도 개혁이 필요하다는 것이다. 하나님은 개혁을 계획하실 때에 흔히 성직 계급의 개혁에서부터 시작하셨다. 구약에서 경건한 왕들이 시도한 개혁을 그 예로 들 수 있다. 나 자신도 하나님과 교회 앞에서 마땅히 지녀야 하는 덕을 갖추지 못한 성직자들 중 한 사람이다. 나는 자신이 얼마나 부족한지 더욱 절감하며, 나를 바르게 가르쳐줄 사람들의 지도를 기꺼이 받아들이려 한다. 이처럼 타락한 상황에서 어떻게 해야 선한 양심을 회복할 수 있는지를 알 수 없다는 사실이 나를 가장 슬프게 한다.

성직자들이 도처에서 추문에 연루되며, 또 (단지 분명히 드러난 악을 피하고 외면적으로 도덕적인 생활을 하는 것이 아닌) 참된 기독교 신앙을 진정으로 이해하고 실천하지 않는 듯한 사람들이 많다. 인간의 보편적 상황에 따라서 보거나 세상의 유행을 따르는 사람들이 볼 때에 그들의 생활은 흠이 없는 것처럼 보일 수도 있지만, 실상 그들의 삶은 세속적인 정신을 반영하고 있으며 육체의 쾌락과 안목의 정욕과 교만한 행동을 특징으로 하고 있다. 그러므로 그들은 분명히 기독교의 으뜸 되는 실천 원리, 즉 자기부인을 하지 않는 사람들이다.

그들이 승진, 즉 한 교구에서 다른 교구로의 영전을 얼마나 간절히 추구하며, 온갖 종류의 권모술수에 몰두해 있는지 살펴보라! 기독교의 사랑 안에서 달리 생각하고 싶지만 많은 사람들이 근본적으로 똑같다는 것, 또 비록 그들 자신은 인식하지 못하고 있지만 여전히 옛 사람을 고수하고 있으며 참된 새사람의 흔적을 소유하지 못하고 있다는 것을 발견할 것이다. 오늘날도 사도 바울은 여러 곳에서 호소할 것이다.

"그들이 다 자기 일을 구하고 그리스도 예수의 일을 구하지 아니하되"(빌 2:21).

이렇게 인식할 때에 그러한 행위는 큰 물의를 일으킨다. 그러나 타락한 본성 때문에 교훈에 따라 판단하지 않고 눈에 보이는 실례에 따라 판단하는 신자들이 목회자들에게서 발견하는 것이 참된 기독교이며 그것을 목회자들에게 불리하게 판단해서는 안 된다는 관념을 갖게 될 때 보다 큰 물의가 생긴다. 가장 비참한 것은 이러한 목회자들의 내면 및 생활 속에 신앙의 열매가 없는 것이 그들 신앙의 결핍을 나타낸다는 사실이다. 그들이 신앙이라고 생각하는 것과 그들의 교훈의 근거는 하나님의 말씀으로 말미암아 성령의 조명과 증거와 인침에 의해 일깨워진 것이 아닌 인간의 공상에 지나지 않는다. 다른 분야의 학문을 연구하는 사람들이 지식을 얻는 것과 같이, 이들 목회자들도 성령의 사역이 없이 인간적인 노력을 통하여 성경의 문자에 대한 지식을 얻으며, 참 교리를 이해하고 그에 동의하며, 그것을 타인에게 전파할 방법을 알게 된다. 그러나 실제로 그들은 참되고 거룩한 빛과 신앙생활에 대해서 전혀 알지 못하고 있다.

여기서 나는 그러한 사람들 및 그들의 사역을 통해서는 전혀 선한 것이 이룩되지 않았다거나 그들을 통하여 어떤 사람이 회심하고 참 신앙을 갖게 될 수 없었을 것이라고 말하려는 것이 아니다. 왜냐하면 하나님 말씀의 능력은 그 말씀을 선포하는 자에게서 나오는 것이 아니라 말씀 자체 안에 있기 때문이다. 따라서 사도 바울은 빌립보서 1장 15-18절에서 어떤 이들이 "투기와 분쟁으로" 그리스도를 전파하는 것을 기뻐하였다. 그러나 이렇게 전파하는 사람들을 하나님이 사랑하시는 거듭난 자녀라고 가정할 수는 없다. 만일 그러한 사람들이 설교를 통하여 자신에게 해를 끼칠 뿐만 아니라 아무에게도 유익을 주지 못했다면 사도 바울은 결코 기뻐할 수 없었을 것이다.

이성적인 기독교인은 참되고 경건한 신앙을 지니지 못한 사람이 자신의 직무를 제대로 이행하지 못한다는 사실을 부인하지 못할 것이다. 그런 사람들은(경건한 목회자가 많은 사람들로 하여금 복을 받게 한다) 하나님이 응답하시는 기도를 드리기에 합당하지 못하고, 사람들을 가르치고 구원으로 인도해야 할 절실한 필요를 느끼는 사람에게 필요한 지혜를 소유하지 못한 사람이다. 만일 목회자들이 사도 바울처럼 담대하게 신자들에게 "내가 그리스도를 본받는 자 된 것 같이 너희는 나를 본받는 자 되라"(고전 11:1)고 말한다면, 교회는 머지않아 완전히 다른 교회가 될 것이다.

그런데 많은 목회자들은 사도 바울이 에베소 교회 신도들에게 옛날부터 배웠다고 지적한 것, 즉 "진리가 예수 안에 있다"(엡 4:21)[18)]는 사실을 중요하지 않게 여기고 있다. 따라서 대부분의 사람들이 생각하는 것처럼 구원 받는 방법에 대한 일반적 관념은 하나님의 방법에 일치하지 않는다. 목회자들 자신이 이것을 알지 못하면서 어떻게 신자들로 하여금 무엇이 필요한지를 깨닫게 할 수 있겠는가?

　진지하고 내면적인 경건에 대한 가르침을 전혀 알지 못하고 생소하게 생각하는 사람들이 그러한 경건을 열심히 길러 가는 사람들을 가톨릭 신비주의자, 퀘이커 교도, 또는 바이겔파[19]라고 여기는 것을 생각할 때, 나는 경악하여 부끄러움을 느낀다. 순수한 교리를 가르친다는 명성을 얻었던 마이스너(Balthasar Meisner)[20] 박사는 생전에 정열적으로 경건을 발전시키고 끊임없이 배운 것을 실천하라고 권면하는 사람은 바이겔주의자 또는 신-분리주의를 신봉한다는 의심을 받게 마련이라고 말하였다. 나의 처남인 하트만(John Lewis Hartmann) 박사는 최근에 그의 목회신학[21] 제3부에서 이 점에 대해 탄식하였다. 또 그는 성인으로 추대된 게르하르트(John Gerhard)[22]에 대해 비방적인 의심을 제기하는 시를 다음과 같이 번안했다.

　　그는 거룩한 신학을 다루었으며
　　경건을 진작시키려 열정적으로 일한 사람이건만
　　오늘날 바이겔주의자나 장미십자회원으로 간주되며
　　부끄러운 이단의 오명을 쓰고 있구나.

나는 그가 과연 더러운 추문을 퍼뜨렸을지 의심한다.
그가 얻은 사소한 것들까지도 신뢰한다.
오, 맹목적인 인간의 지성이여! 소경 된 심령들이여!
분별력 없고 덧없는 판단이여!

간구하건대 바이겔주의자가 무엇인지를 알기를 원하노라.
장미십자회원이 무엇인지 깨닫기를 원하노라.
하늘의 구름을 헤치고 태양빛이 빛나듯이
밝은 빛이 참과 거짓을 가려주소서.

마땅히 찬양해야 할 일에 대해 의심을 제기하고 악한 보고를 하는 것만큼 타락과 재앙을 잘 증언해 주는 것이 어디 있겠는가? 이런 경우에 "터가 무너지면 의인이 무엇을 하랴?"[23]라는 말이 잘 들어맞을 것이다.

여러 분야에서 요셉의 환난을 생각하지 않는 사람들이 많다.[24] 그들은 거짓 종교를 주장하는 원수들로부터 압제를 받지 않으며 외적으로 평화를 누리는 한 교회는 매우 복된 상태에 있다고 생각한다.

그들은 위험한 상처를 전혀 보지 못하고 있다. 이런 사람들이 어찌 상처를 싸매고 치료해 줄 수 있겠는가?

논쟁에 관련된 지식은 신학 연구에 속한 것이지만, 논쟁이 유일하게 중요하거나 가장 중요한 일은 아니다. 이러한 논쟁을 따르려면 무엇이 참된 것인지를 알아야 하며, 또 그 논쟁을 대적하려면 무엇이 거짓된 것인지도 알아야 한다. 그러나 많은 사람들은 거의 모든 것을 논증법에 의지한다. 그들은 만일 가톨릭교회, 개혁파, 재세례파 등의 오류에 대한 해답을 제기할 수만 있으면 모든 일이 대단히 잘 되어 갈 것이라고 생각하다. 그들은 우리 모두가 인정하는 도덕의 규칙, 또는 그들과 공동으로 신봉하는 신조들의 산물에는 주의를 기울이지 않는다. 고대의 훌륭한 교부인 나지안주스의 그레고리(Gregory Nazianzen)는 그 당시의 분쟁에 대해 대단히 통찰력 있는 불평을 하였다(*Epistle* 21,or *Epistle* 1 in the Greek edition).[25]

성인으로 추대된 크리스토퍼 샤이블러(Christopher Scheibler) 박사는 유명한 실천신학[26] 지침서 서문에서 이 불평을 우리 시대에 적용하였으며, 또 자신의 유익한 저서인 *Aurifodina*[27]의 서문으로 재판하였다. 그레고리는 다음과 같이 기록하였다.

우리 각 사람은 다른 사람들을 경건치 못하다고 정죄한다. 그런 근거에서 보면 우리는 모두 경건한 사람들이다.…우리는 다른 사람들을 그 삶에 따라 판단하지 않고, 우리와 교리적으로 일치하느냐 아니냐에 따라 악한 사람과 선한 사람을 판단한다.…사소하고 무익한 일 때문에 다투며, 가능한 많은 지지자들을 찾아다니며, 마치 신앙이 위기에 처해 있는 것처럼 변론을 하는 사람들이 있다. 그리하여 이 탁월한 이름은 그들 자신의 투쟁과 논쟁 때문에 약화된다.

외관을 보아 판단할 때에, 그러한 불평을 해야 할 충분한 원인을 발견하기 때문에 오늘날 그러한 교부가 다시 일어나야 한다는 사실은 누구나 인정할 것이다. 이런 까닭에 교회를 위해 가장 유익한 것이 무엇인지 잘 알고 있었던 키트레우스(David Chytraeus) 박사는 일 년에 몇 차례씩 학생들에게 다음과 같은 연설[28]을 해야 했다. 즉 그는 신학 연구는 논쟁이 아니라 경건의 실천에 의해 이루어져야 한다고 연설하였다. 아펠만의 충실한 제자인 바레니우스(Henry Varenius)가 자신의 저서 『기독교의 보호』(*Christliche Rettung*)[29]에서 증언한 바에 의하면, 성인으로 존경받은 신학자 아펠만(John

Affelmann)은 동일한 목적으로 신학생들에게 학문적인 문제에 대해 다음과 같이 말했다.[30]

우리는 진지하고 경건한 생활을 하고 조심스레 속사람을 길러 가는 것을 경멸하며 신학의 극치가 논쟁에 있다고 주장하는 사람을 저주하기를 주저하지 않는다. 베르나르가 아가서에 대한 24번째 설교에서 말한 것처럼, 그들은 자신의 입은 하나님께 바치고 영혼은 마귀에게 바치는 사람들이다.[31] 우리는 예수 그리스도가 길이요 진리요 생명이심을 안다(요 14:6). 우리는 이것을 각기 분리하여 아는 것이 아니라 통합하여 안다. 그리스도는 그 생명 때문에 길이 되시며, 우리는 열심히 이 생명을 모방한다. 그리스도는 그의 가르치심 때문에 진리가 되시며, 우리는 신실한 마음으로 이 가르침을 받아들인다. 그리스도는 그의 공로 때문에 생명이 되시며, 우리는 참믿음으로 그의 공로를 붙잡는다.

이러한 것들을 더욱 부지런히 생각한다면 얼마나 좋겠는가! 우리는 하나님의 은혜로 말미암아 하나님의 말씀에서 비롯된 순수한 교리를 소유하고 있다. 그러나 도처에서 성질이 다르고 무익하며 세상 지혜를 연상케 하는 것들이 점차 신학 속으로 도입되고 있음을 부인할 수 없다. 이것은 우리가 생각하는 것보다 훨씬 위험한 일이다. 우리는 루터가 에르푸르트에서 사람들에게 한 다음과 같은 현명한 말을 기억해야 한다(Tom. 2, Altenb., p.160b).[32]

"조심하십시오! 사탄은 당신으로 하여금 불필요한 것에 집착하고, 반드시 필요한 것을 멀리하게 만듭니다. 사탄은 과거 대학교에서 철학이라는 방편을 사용하여 행했던 것처럼 당신에게서 손바닥만큼이라도 틈을 발견하면 온갖 무익한 질문들이 가득 들어 있는 자루를 가지고 당신에게 들어옵니다."

영리하고 똑똑한 체하면서 성경을 의지하지 않는 사람이 큰 손해를 보게 됨을 여기에서 알 수 있다. 이것을 구체적으로 증명할 예들은 무척 많다.

하나님의 말씀을 해석하고 기독교의 신조들을 다룬 루터의 저술들, 루터와 같은 시대 혹은 그보다 약간 뒤에 활동한 다른 신학자들의 저서들, 또한 오늘날 출판되고 있는 많은 책들을 비교해 보자.

솔직히 말해서 우리는 전자에게서 위대한 영적 권능을 만나고 경험하는 동시에 단순하게 제시된 지혜를 접하게 된다. 반면에 후자는 대조적으로 매우 공허하다. 그리고 보다 최근의 책에서는 성경의 테두리 안에서 지혜로워야 하는 문제들에 있어서 주제넘게 교활함, 인위적인 태도, 가식적인 인간의 지식 등을 발견할 것이다. 만일 루터가 다시 태어난다면, 자신이 맹렬하게 비난했던 그 시대 학교들의 결점을 우리의 대학에서도 발견하게 될 것이다.

이 불평은 결코 새로운 불평이 아니다. 키트레우스(David Chytraeus)는 누구보다 먼저 교회의 결점들을 감지한 사람이었으며, 또 탁월한 경험과 기독교적 지혜 때문에 왕들과 영주들로부터 교회나 학교를 조직해 달라는 요청을 받았던 사람이다.[33] 그도 역시 지난 세기에 멘젤(Jerome Menzel)에게 보낸 편지에서 유사한 불평을 제기하였다(*Epist.* p. 348).[34]

우리 자신과 신자들의 심령이 하나님을 경외하고 회심하고 회개하는 데 익숙해지기를 하나님 앞에 기원합니다. 하나님의 심판과 진노가 임하기 전에 자신의 죄를 두렵게 생각하며, 참된 경건과 의를 실천하기를 원합니다. 이전 시대의 특징인 궤변이 극복되지 못하고 또 다른 질문들과 논쟁으로 전이되는 분명한 호전적 논쟁을 벌이기보다는 하나님과 이웃을 사랑하게 되기를 바랍니다.

"Joh. Judicem"[35)]이라고 날짜가 적힌 또 다른 서신에는 다음과 같이 기록하였다.

가톨릭교회의 궤변이라는 어둠에서 겨우 빠져나온 신학이 또 다시 무익하고 건방진 질문들이라는 새로운 궤변에 빠져들었다는 사실이 나를 슬프게 합니다. 기독교는 학식이나 오늘날 너무 자주 제기되는 주제넘은 질문들로 이루어지는 것이 아닙니다. 참된 기독교 신앙은 참 하나님과 우리의 구주이신 예수 그리스도에 대한 올바른 지식을 말씀을 통하여 갖게 되는 것입니다. 내면적으로 하나님을 경외하며 참된 믿음으로 사랑하는 것이며, 평생 동안 십자가를 지면서 하나님께 순종하고 하나님을 의지하는 것입니다. 또한 진실로 이웃을 사랑하고 자비를 행하는 것입니다. 생사가 걸린 위험에 처해서도 그리스도 안에서 우리에게 보장된 은혜를 확신하고 하나님과 함께 영원히 살기를 고대하는 것입니다.

덕망 있고 거룩한 셀넥커(Nicholas Selnecker) 박사는 시편에 대한 저서의 머리말에서 당시의 상황을 애타게 한탄하였다.[36]

우리는 학문적인 논쟁의 목적 이외에는 전혀 보탬이 되지 않는 논쟁적이고 비난적이며 비방적인 책들을 더 많이 발견할 수 있다. 하나님의 말씀을 평이하고 정직하게 해석하고, 순수한 교리를 제공해 주며 위안을 주는 양질의 교리서들을 어디에서 발견하며 구입할 수 있을까? 그런 책들은 유익한 책들이 될 것이며 어느 거룩한 유물보다 낫지만, 그러면서도 개인적인 사견과 비밀스런 징벌과 진리의 왜곡으로 가득 차 있기도 하다. 만일 우리가 하나님의 말씀과 성령으로 말미암지 않고 인간적 사상으로 가득 차 있는 책들을 밀쳐놓으며 논쟁, 말싸움, 징벌, 개인적인 야망, 중상모략 등 불필요한 내용을 포함하고 있는 책들을 배격한다면, 우리 시대의 책 중에 남는 책은 극소수에 불과할 것이다.

코부르크(Coburg)의 전임 감독이었던 딘켈(Dinckel) 교수는 루터의 기도서[37] 서문에서 이에 동의하였으며, 또 그에 따른 해악을 관찰하였다.

참된 실천신학(*practica theologia*) 즉 믿음, 소망, 사랑에 대한 가르침은 부수적인 것으로 전락했다. 그리고 루터 시대 이전에 있었던 바 심령과 영혼을 할퀴고 자극하는 가시투성이의 학문(*theologia spinosa*), 즉 어렵고 힘든 가르침을 위한 길이 예비되었다.

선의의 교사들은 그러한 상황을 안타깝게 여기고 개선을 바랐으나 거의 아무것도 이루어지지 못했다. 실제로 악이 감소하기보다 오히려 증가하는 듯했다. 금세기 초에 거룩하고 사려 깊은 안드레(John Valentine Andrae)[38] 박사는 자신의 저술을 통하여 이러한 경향을 우려했을 뿐 아니라 이에 대해 책임이 있는 사람들을 공격하기도 했다. 그러나 그것은 "쇠귀에 경 읽기"(surdis fabulae!)에 불과했다.[39]

그러므로 우리는 종종 배우지 않았으면 좋았을 것이라고 생각한다는 사실을 알게 된다. 위에 인용된 루터의 말에서 알 수 있듯이, 모든 것이 달려 있는 근본적인 것이 경시되고 있다. 하나님의 은혜로 말미암아 직무에 처음으로 임하는 많은 목회자들은 자신이 수고하고 헌신하는 많은 일들이 무익하다는 것, 보다 필요한 것이 무엇인가를 처음부터 다시 곰곰이 생각해야만 한다는 것을 깨닫게 되며 보다 일찍 이 사실을 깨닫고 현명하고 신중하게 대처했으면 좋았을 것이라고 생각하게 된다.

오늘 우리 시대에도 하나님의 교회에 관심을 가지고 이러한 결점을 관찰하는 사람들이 없지 않다. 뷔르템베르크 대학의 신학자로서 주님 안에서 나를 후원해 주는 라이드(Balthasar Raith) 박사가 1669년 튀빙겐에서 거행된 젤러(Zeller) 박사의 장례식 연설을 읽은 것은 매우 기쁜 일이었으나, 그에 따른 결실이 없었으므로 슬픈 일이기도 했다.[40]

몇 년 전에 그는 색슨 교회를 시무하던 신학자 벨러(Weller)[41] 박사와 함께 레겐스부르크 회의에 참석하였다. 그들은 과거 루터가 정문으로 내던져버린 스콜라 철학을 다시 뒷문으로 도입하게 된 방법을 토의하였다. 그리고 이 신학을 근대 복음주의 교회에서 다시 제거하고, 그 대신에 참된 성경적 신학이 그 자리를 차지하게 된 방법에 대해 토의하였다.[42] 만일 하나님이 그 용감한 신학자들의 토의를 축복하시고 동일한 목적을 지향하는 장래의 토의를 축복하신다면, 그것은 우리가 하나님의 선하심에 대해 감사해야 할 큰 은혜일 것이다.

이 결점은 대부분의 사람들이 상상하는 것보다 더 많은 해악을 끼친다. 왜냐하면 그들은 사도 바울이 디모데에게 경고했던 일에 익숙해져 있기 때문이다.

"신화와 끝없는 족보에 몰두하지 말게 하려 함이라 이런 것은 믿음 안에 있는 하나님의 경륜을 이룸보다 도리어 변론을 내는 것이라 이 교훈의 목적은 청결한 마음과 선한 양심과 거짓이 없는 믿음에서 나오는 사랑이거늘 사람들이 이에서 벗어나 헛된 말에 빠져 율법의 선생이 되려 하나 자기가 말하는 것이나 자기가 확증하는 것도 깨닫지 못하는도다"(딤전 1:4-7).

바울은 디모데전서 6장 3-5절에서 다음과 같이 말하였다.

"누구든지 다른 교훈을 하며 바른 말 곧 우리 주 예수 그리스도의 말씀(이 말씀은 순수하고 단순한 말씀으로서 인간의 궤변이 아니라 거룩한 지혜이다)과 경건에 관한 교훈(여기에서 우리는 학문의 목표에 주의를 기울여야 한다!)을 따르지 아니하면 그는 교만하여 (왜냐하면 그는 스스로 자신이 모든 것을 알고 있으며, 또한 그렇다는 평판을 받고 있으므로 이스라엘에서 가장 학식 있는 스승이라고 생각하기 때문이다) 아무것도 알지 못하고 변론과 언쟁을 좋아하는 자니 이로써 투기와 분쟁과 비방과 악한 생각이 나며 마음이 부패하여지고 진리를 잃어 버려 경건을 이익의 방도로 생각하는 자들의 다툼이 일어나느니라."

바울은 골로새 교인들에게도 다음과 같이 경고하였다.

"누가 철학과 헛된 속임수로 너희를 사로잡을까 주의하라 이것은 사람의 전통과 세상의 초등학문을 따름이요 그리스도를 따름이 아니니라"(골 2:8).

성경에 근거한 신앙에 기초를 두고 있지만 인간적인 호기심이라는 목재와 건초와 짚으로[43] 지었기 때문에 그 안에서 금을 찾아볼 수 없는 신학이 인간의 마음을 채우면 그리스도와 그 교훈의 단순성으로부터 즐거움을 발견하기 어렵다. 왜냐하면 인간의 취향이 이성이라는 매력적인 것에 친숙하게 되어 얼마 후에는 그리스도와 그의 교훈의 단순성을 무미건조하다고 여기게 되기 때문이다. 그러한 지식에는 사랑이 결여되어 있기 때문에 우리를 교만하게 한다(고전 8:1). 그것은 우리로 하여금 자기 자신을 사랑하게 한다. 그것은 이기적인 사랑을 육성하고 더 강하게 만든다.

사람들은 자신의 현명함과 탁월함을 나타내고 명성을 얻으며 그로 인해 세상으로부터 유익을 얻으려는 욕망 때문에 성경에 없는 난해한 사실들을 도입한다. 이러한 난해함은 하나님을 향한 참된 경외심을 자극하지 않고 오히려 참기독교인에게는 어울리지 않는 명예를 비롯한 여러 가지 충동들을 자극하는 본질을 지니고 있다. 이러한 것들에 길들여진 사람들은 교회에 필요한 유일한 한 가지 사실을 알지 못한 채 망상에 빠져 그것들을 교회에 도입하기 시작한다. 그들은 자신에게 제일 큰 즐거움을 주는 것들을 판매하게 되며, 구원을 추구하는 신도들의 덕을 세워주는 데 그다지 유익하지 못한 일에 집중하게 된다. 그들이 스스로 설정한 목표를 성취할 때에 준비된 신자들의 마음에 종교적 논쟁에 대한 상당한 지식을 주게 되는데, 그리하여 이 신자들은 타인들과 논쟁하는 것을 큰 영광으로 여기게 된다. 목회자들이나 신자들은 비록 인간의 왜곡 때문에 흐려졌어도 순수한 교리를 버려서는 안 되며, 그들이 해야 할 유일한 일로서 그 순수 교리를 보존하고 확증해야 한다는 관념을 지녀야 한다.

그렇다면 우리가 할 수 있는 일은 사도 바울이 고린도 교인들에게 한 호소를 반복하는 일뿐이다.

"내 말과 내 전도함이 설득력 있는 지혜의 말로 하지 아니하고 다만 성령의 나타나심과 능력으로 하여 너희 믿음이 사람의 지혜에 있지 아니하고 다만 하나님의 능력에 있게 하려 하였노라"(고전 2:4-5).

만일 영적으로 지극히 계몽된 바울 사도가 오늘날 이 세상에 산다면, 그는 우리 시대의 믿을 수 없는 천재들이 거룩한 곳에서 하는 말을 거의 이해할 수 없을 것이다. 바울의 지식은 인간의 재간에서 비롯된 것이 아니라 성령의 조명으로 비롯된 것으로서 이것들과는 마치 하늘과 땅만큼이나 차이가 있다. 인간의 재주로는 거룩한 조명을 이해할 수 없듯이, 거룩한 조명으로 가득 찬 영혼은 인간적인 재주의 미약한 환상에 굴복해서는 안 된다.

평민들의 결점

대중을 지배하며 그들을 경건으로 인도해야 할 성직자들과 정치가들의 상황이 이러할진대 평민들의 상황을 짐작하기는 어렵지 않다. 어느 곳에서도 그리스도의 가르침을 솔직하게 따르지 않고 있음이 분명하다. 주님은 오래 전에 우리에게 참제자를 식별할 수 있는 표식을 주셨다.

"너희가 서로 사랑하면 이로써 모든 사람이 너희가 내 제자인 줄 알리라"(요 13:35).

이 말씀에서는 사랑을 참제자의 표식으로 간주하고 있다. 이 사랑은 열매 없는 포옹으로 사람의 마음에 매달리는 거짓된 사랑이 아니라 자신을 솔직하게 나타내는 사랑이다.

"자녀들아 우리가 말과 혀로만 사랑하지 말고 행함과 진실

함으로 하자"(요일 3:18).

이 표식에 따라 판단한다면, 많은 명목상의 기독교인들 중에서 참되고 진정한 소수의 그리스도의 제자를 발견하기가 무척 어려울 것이다! 그러나 주님의 말씀은 우리를 속이는 말씀이 아니다. 주님의 말씀은 이제부터 영원까지 진리의 말씀으로 존재할 것이다.

우리는 소위 루터파라고 불리는 사람들(이들은 루터파라고 불릴 자격이 없다. 왜냐하면 그들은 살아 있는 믿음에 대한 루터의 가르침을 이해하지 못하고 있기 때문이다)의 일상생활을 바라보면서 그들에게서 심각한 범죄를 발견하게 된다. 이러한 범죄는 도처에서 횡행하고 있다. 여기에서 내가 말하고자 하는 것은 세상에서도 잘못이라고 인정하는 악이 아니다. 왜냐하면 그러한 범죄는 그다지 많은 해를 끼치지 않기 때문이다. 보다 심각한 피해는 죄로 인식되지 않거나, 그 심각성을 실감하지 못한 죄로부터 비롯된다.

술 취하는 것도 그러한 죄에 속하는 것으로 간주해야 한다. 그것은 신분의 고하를 막론하고 성직 계층이나 정치 계층의 사람들 사이에 널리 퍼져 있다. 또 일상적으로 술 취하는 것은 죄라고 인정하면서도 친구의 건강을 위해 건배를 하려고 이따금씩 술을 마시는 것은 죄가 아니며 죄라고 해도 미미한 것에 불과하다고 주장하는 사람들도 있다. 이런 사람들은 이 죄를 철저히 회개해야 하는 죄라고 인정하지 않는다. 왜냐하면 만일 그렇게 된다면 사람들은 음주를 극도로 증오하게 되어 다른 사람의 건강을 위한 건배조차 하지 않으려 할 것이기 때문이다. 그러나 하나님의 자녀가 되려면 이 죄를 단호하게 끊어야 한다는 주장을 기이하고 불합리하다고 생각하지 않을 평민들이 과연 있겠는가? 그런 사람들은 이 죄를 비난하는 사람들의 가르침을 거룩하다고 인정하기보다는 오히려 이상한 사람이라고 여기거나, 또는 다른 이유 때문에 이렇게 기분 좋은 일을 반대할 것이라고 생각한다. 사도 바울은 고린도전서 6장 9-10절에서 술 취하는 자를 음행하는 자, 우상 숭배하는 자, 남색하는 자, 도둑질하는 자, 탐욕을 부리는 자, 모욕하는 자, 속여 빼앗는 자 등과 동일하게 취급하면서 그런 사람들은 하나님의 나라를 유업으로 받지 못한다고 하였다.

항상 술을 마시며 술을 마시는 데서 즐거움을 찾는 사람과 간혹 중요한 일이 있거나 다른 사람의 건강을 위해 건배하는 경우에만 마시는 사람을 구분하여, 사도 바울이 언급한 것은 후자가 아니라 전자라고 변명하려는 것은 정당하지 못하다. 이러한 의견은 다른 성경 구절을 근거로 하여 배격할 수도 있다. 그러나 나는 그런 사람들이 날마다 음란한 생활을 하며 간음하고 남색하며 도둑질하고 속여 빼앗는 사람들만의 생활을 저주받은 생활로 여기는지, 아니면 이러한 행위를 한 달에 한 번이나 일 년에 한 번이라도 행하는 것을 과도하다고 생각하지 않는지, 그리고 만일 그러한 죄들을 단호하게 버리지 않는 악하고 회개치 않는 사람들은 구원을 받지 못한다고 믿고 있는지 묻고 싶다.

하나님에 대해 조금이라도 지식이 있는 사람이라면 이 사실을 인정할 텐데도 불구하고, 우리가 술 마시는 죄를 그다지 중요치 않게 여기면서 자주 술에 취하지 않는 한 그다지 흠이 되지 않는다고 생각하려는 것은 어찌 된 일인가? 이것이 일부 독일인들과 스칸디나비아인들에게서 비롯되어 고대로부터 전해 내려온 관습이라는 것 외에는 달리 그것을 변호할 수 없을 것이다. 그러나 이 관습이 하나님의 말씀을 무효화할 수 있다고 말할 수 있는가? 그리스인에게도 그러한 관습이 있었다는 사실을 근거로 하여 바울이 고린도 교인들에게 말한 사실을 합리적으로 대적할 수는 없다. 호색이나 도둑질 등 다른 민족들의 특수한 악을 축소시킬 수 없듯이, 그것들이 우리가 술 마시는 일의 핑계가 될 수는 없다. 하물며 의로우신 하나님이 우리가 하나님의 법을 폐기하는 것을 허락하실 리가 없다.

만일 술 마시는 것이 심각한 죄라면 우리 중에 참기독교인이 거의 없게 될 것이라는 이유로 음주가 그리 중한 죄가 아니라는 논증을 개진하는 사람이 있다면, 나는 일단 그 결론을 받아들이겠다. 그러나 그 죄가 매우 널리 퍼져 있으며 그것을 깨닫는 사람이 거의 없어 마치 소돔[44]에서처럼 백성들이 자신의 술 취함을 자랑하거나 그럴듯한 말로 얼버무리거나 또는 그것을 작은 실수로 여기려 하기 때문에 술 취하는 죄가 한층 위험하다고 덧붙이겠다.

일반적인 소송 절차에 대해 생각해 보자. 소송할 때에는 쌍방이 기독교 사랑이라는 한계를 넘거나 범하지 않고 행동하기가 어렵다는 것을 고백하지 않을 수 없다. 세속의 권위를 행사할 때에 하나님의 도움을 이용하며, 그것을 사법적 소송에서 추구하는 것은 잘못된 일이 아니다. 그러나 그러한 소송 문제에 있어서, 우리는 남들이 우리에게 해주기를 기대하는 모든 일을 이웃을 위해 행해야 한다.[45] 그러나 일반적으로 이런 일은 일어나지 않으며, 대부분의 소송 당사자들은 법정을 복수심과 불의의 도구로 이용하고 있다.

죄로 여겨지지 않기 때문에 죄를 고백할 때에 언급되지 않는 부당한 탐욕도 역시 죄이다. 우리가 생계를 유지하기 위해 종사하는 상업, 수공업, 그 밖의 직업들을 살펴보면 모든 것이 그리스도의 가르침에 따라 처리되지 않으며, 이러한 직업에서 사용되고 있는 많은 공적인 규정들이나 전통적인 관습들이 그리스도의 가르침에 정면으로 반대되는 것을 발견할 수 있다. 자신의 생활비나 이익(대부분의 목적은 여기에 있다)뿐만 아니라 하나님의 영광과 이웃의 행복이 인생의 목표임을 기억하는 사람이 과연 있을까? 따라서 속임수나 교활하고 용의주도한 방법들이 우리의 이웃을 어렵게 하며, 나아가서는 그들을 압제하고 진력나게 하는데도, 세상에서는 악하다고 평하지 않는 속임수를 채택하는 것을 죄로 여기지 않으며 교활한 방법들을 찬양한다. 선한 기독교인이 되고자 하는 사람들조차도 아무런 양심의 가책 없이 그러한 속임수를 쓰고 있다. 이렇게 야비한 관습들이 기독교의 가르침들을 흐리게 하였으므로, 이웃을 네 자신처럼 사랑하라[46]는 교훈을 실천하는 사람을 어리석게 여긴다.

초대 예루살렘 교회 안에 세운 공동체[47]는 명령에 따라 이루어진 것이 아니었다. 그렇지만 물건을 통용하는 다른 종류의 공동체가 필요할 것이라고 생각하는 사람이 있는가? 나에게는 내 것이란 없고 모든 것이 하나님의 것이며, 나는 그것들을 관리하기 위해 임명된 청지기임을 인정해야 하는데도 불구하고 나는 원하는 때에 나의 것을 지키는 일로부터 결코 자유할 수 없다. 반면에 가장(家長)들의 명예와 나를 따르는 하인들의 궁핍함을 보면서 내가 가진 것을 사용하라는 사랑의 요구를 깨달을 때에 나는 그것을 주저함 없이 내어 주어야 한다. 왜냐하면 그것은 내 이웃이 세상적인 권리에 의해서는 요구할 수 없는 것이지만, 하나님의 사랑의 권리에 따르자면 내 이웃의 궁핍함이 다른 방법으로 해소될 수 없는 한 감히 내 것이라고 움켜쥘 수 없는 공동체의 재산이기 때문이다. 이것을 이상한 가르침이라고 생각할 수도 있을 것이다. 그러나 이 가르침은 기독교적 사랑의 필연적인 결과이며, 원시 교회에서 나타났던 것들이다. 아무도 개인적으로 재산을 소유하지 않는 완전한 물질의 공동체는 기독교적 사랑과 덕을 시행할 기회를 종식시키지 않았으며, 또한 세상의 재산이 우애 깊은 사랑에 장애를 주지 않았다.

  그러므로 초대 기독교인들 중 부자들에게 있어서 선한 사업을 많이 하고(딤전 6:18), 언제라도 필요하다고 생각되는 곳에 재산을 사용하는 수고를 하며, 하나님과 이웃에 대한 자신의 사랑을 증언해야 한다는 것 외에 다른 유익이 없었다. 혹시 가난한 사람들이 느끼는 것은 그들이 스스로 벌어 살지 못하고 형제들의 도움을 얻어 살아야 한다는 부담뿐이었다. 형제들 사이에서 구걸해야 할 필요가 없었다. 구약성경(신 15:4)에서 하나님이 유대인들을 위해 정하신 정부의 형태에서 허용하지 않으셨으므로, 구걸하는 것은 합당하지 못한 것으로 간주되었다. 그러나 상황이 변하여 구걸이 아주 흔하게 되었다. 그것은 많은 무서운 죄악의 방편과 자극제 구실을 하는 것으로 간주되며, 궁핍한 자들에게는 곤고한 일로 여겨지며, 기독교의 자비를 행하려는 사람들에게는 대중의 복리의 위험한 결점으로 여겨지며, 우리 기독교에서는 하나의 오점으로 간주된다. 뿐만 아니라 대부분의 사람들은 이따금 마지못해 거지에게 몇 푼을 던져 주는 것 외에는 궁핍한 이웃을 돕는 방법을 알지 못하고 있다. 그들은 구걸하는 사람들에게 은혜를 베푸는 것으로 인해 자신의 생계가 현저하게 영향을 받더라도 사랑의 행위를 행해야 한다는 것을 전혀 인식하지 못하고 있다. 구약 시대의 사람들은 하나님의 명령에 따라 소득의 10분의 1 이상을 떼어 내놓아 성직자들의 생계, 하나님께 대한 봉사, 가난한 자들을 돌보는 데 사용하도록 되어 있었다(율법에 의하면 십일조에는 여러 가지 종류가 있었다).[48]

그러나 우리는 그리스도께서 베풀어 주신 은혜, 구약 시대 백성들이 받았던 것보다 더 큰 은혜가 우리로 하여금 가진 것을 궁핍한 이웃에게 주어야 하는 의무를 지운다고 생각하지 않는다. 이러한 일이 이루어지지 않고 있다는 사실, 대부분의 사람들의 자비의 행위가 "그 풍족한 중에서"(막 12:44) 바치는 것에 불과하다는 사실은 우리가 참되고 자애로운 사랑의 실천과는 너무 동떨어져 있으므로 그것이 요구하는 것을 거의 믿을 수 없게 되었음을 분명히 나타내 준다.

이 책에서 모든 것을 일일이 상술하지는 않겠다. 위에 언급된 예들은 오늘날 널리 퍼져 있는 죄들을 충분히 묘사해 줄 것이다. 그것들은 (성경에 묘사된 우리의 의무에 반대가 되는데도) 죄로 여겨지지 않으며, 그렇기 때문에 그것들의 피해는 그만큼 크다.

우리는 이것을 초월하여 많은 사람들이 하나님을 섬기는 일에 대해 어떻게 생각하는지를 알아보아야 한다. 타르노비우스(Paulus Tarnovius) 박사가 새로운 복음[49]에 대한 연설에서 훌륭하게 묘사했듯이, 그것은 우리의 유익한 가르침과 일치하지 않고 있다. 타르노비우스의 연설은 그가 부족한 것이 무엇이며 무엇을 널리 읽어야 하는지를 얼마나 잘 깨닫고 있었는지를 드러내 준다.

우리는 오직 믿음으로만 구원을 얻으며, 우리의 행위나 경건한 생활은 우리의 구원에 전혀 기여하지 못한다는 사실을 인정한다. 왜냐하면 신앙의 열매인 행위는 믿는 우리에게 의와 구원의 은사를 주신 하나님께 드려야 하는 감사와 관련되어 있기 때문이다. 우리는 이 가르침에서 조금이라도 떨어져서는 안 된다. 그 가르침의 지극히 작은 부분이라도 포기하지 말며, 오히려 우리의 생명과 온 세상을 포기하려 해야 한다.

또한 하나님의 말씀은 모든 믿는 자에게 구원을 주시는 하나님의 능력(롬 1:16)이므로 그 말씀이 전파될 때에 우리는 기꺼이 그 능력을 인정한다. 우리는 하나님의 말씀을 부지런히 들으라는 명령을 받았을 뿐만 아니라 신자들에게 은혜를 주시는 것은 성령을 통해서 우리를 일깨워 주시는 하나님의 손이기 때문에 부지런히 말씀을 들어야 한다.

세례와 세례의 능력은 아무리 찬양해도 부족하다. 나는 세례를 실제로 "중생의 씻음과 성령의 새롭게 하심"(딛 3:5)이라고, 또한 루터가 교리문답에서 말한 것처럼 "세례는 죄 사함을 이루며, 사망과 마귀로부터 구출하며, 영원한 구원을 약속해 준다"[50]고 믿는다.

마찬가지로 나는 성만찬에서 주님의 몸과 피를 영적으로 먹고 마실 뿐 아니라, 성례전적으로, 그리고 입으로 먹고 마시는 행위에도 영광된 능력이 있음을 인정한다.[51] 이런 이유 때문에 성찬의 떡과 포도주 안에서, 그와 더불어, 그 아래에서 구원에 대한 보증을 받는다는 사실을 부인하며 성찬의 능력을 약화시키고 또한 영적으로 먹고 마시는 행위 외에는 성찬의 의미가 없다고 하는 개혁파의 주장을 나는 배격한다.

나는 이러한 우리 교회의 모든 가르침을 진심으로 신봉하며, 내 입으로 그것들을 증언한다. 나는 다른 사람들의 저서보다는 루터의 저서에서 보다 큰 즐거움을 느끼는데, 이는 그 안에 이러한 가르침들이 많이 있기 때문이다. 또한 스스로 복음주의자라고 주장하는 대다수의 사람들이 교회의 신조와 가르침에 반대되는 관념이나 견해를 지니고 있음을 부인할 수 없다.

분명히 비기독교적인 생활을 하므로 율법이 철저히 파괴되었음을 부인하지 못하며, 장차 자신의 생활 태도를 고칠 생각을 하지 않으며, 그럼에도 불구하고 자신이 구원을 얻을 것이라고 믿는 체하는 사람들이 너무나 많다. 그들에게 어떤 근거에서 그렇게 기대하는지를 물어보면 다음과 같이 고백할 것이다. 그들은 인간이 자신의 생활 때문에 구원받는 것이 아님을 확신한다고 고백하며, 자기들은 그리스도를 믿고 완전히 신뢰하는 바 이것은 반드시 이루어질 것이며 또한 그러한 믿음으로 말미암아 분명히 구원될 것이라고 주장한다. 따라서 그들은 구원을 이루는 믿음을 소유한 것이 아니라 믿음에 대한 육적인 환상을 갖고 있다(왜냐하면 경건한 믿음은 반드시 성령과 함께 존재하며, 고의적인 죄가 성행하는 곳에서는 그러한 믿음이 지속되지 못하기 때문이다).

사람들로 하여금 구원을 그런 식으로 안일하게 상상하게 하는 것은 마귀가 사용하는 기만 수법으로서 가장 무서운 것이다. 루터는 믿음에 대해서 전혀 다르게 이야기했다. 그는 로마서 서문에 다음과 같이 기록하였다.[52]

믿음은 어떤 이들이 주장하는 것처럼 인간적인 개념이나 꿈이 아니다. 그런 사람들은 믿음에 뒤따르는 생활의 개선이나 선한 행위들은 보지 못하면서도 믿음에 대한 말은 많이 하고 또 많은 것을 들어서 오류에 빠져 "믿음만으로는 충분치 못하다. 의롭다 함을 얻고 구원을 얻으려면 선행을 해야 한다"고 말한다. 이런 이유 때문에 그들은 복음을 들을 때에 나아가 자기 자신의 힘으로 자기 마음에 "믿습니다"라는 생각을 만들어 내고 그것을 참믿음이라고 여긴다. 그러나 그것은 인간의 상상이나 개념에 불과한 것으로서 결코 마음의 깊은 곳에 이르지 못하며, 그렇기 때문에 그 결과 아무 것도 생기지 않으며, 개선되는 것이 없다. 믿음은 우리 안에 있는 하나님의 역사이다. 그것은 우리를 변화시키며, 우리로 하여금 하나님께로부터 새로 태어나게 만든다(요 1:13). 믿음은 옛 아담을 죽이고 우리의 마음과 혼과 뜻과 능력을 완전히 다른 사람으로 만든다. 그리고 믿음에는 항상 성령이 동반한다. 믿음은 살아 있고 활동적이며, 생동력 있고 강하다. 그러므로 끊임없이 선한 행위를 하지 않을 수 없다. 믿음은 왜 선을 행해야 하는지 묻기 이전에 이미 선을 행하였고, 또 항상 행하고 있다.

루터가 동일한 태도로 기록한 다른 구절들을 인용하지는 않겠다. 루터는 여름 축제 때에 기록한 『교회 예전』(*Church Postil*)[53] 65쪽에서 영적인 믿음과 인간적인 믿음을 구분하고 설득력 있게 묘사하였다. 그러므로 죄의 지배 아래 생활하여 성령을 소유하지 못하고 참 믿음을 소유하지 못한 사람들의 믿음은 인간적인 망상에 불과하다. 이런 믿음을 가지고 있는 사람들이 얼마나 많은지 모른다!

인간 편에서 비롯된 유일한 구원의 방편인 바 믿음에 대한 망상이 큰 해를 끼치듯이, 말씀과 성찬이라는 하나님 편의 방편에도 "표면적인 행위의 실천"(*opus poeratum*)[54]이라는 부끄러운 망상이 첨가된다. 이것은 교회에 큰 해를 끼치며, 많은 사람들을 저주 아래로 이

끝머, 위에서 언급되었던 참신앙에 대한 거짓된 관념을 강화한다. 기독교가 요구하는 것(이 일을 행하는 것은 하나님께 대한 충분한 섬김이 된다)은 오직 세례를 받고, 전파되는 하나님의 말씀에 귀를 기울이고, 죄의 사면을 받고, 성찬에 참여하는 것뿐이라고 생각하는 사람들이 적지 않음을 부인할 수 없으며, 매일의 경험을 통해 이것을 확신하게 된다. 이런 사람들은 세속 정부가 처벌하지 않는 한 어떤 열매가 따르든지 자신의 마음이 내키는 대로 생활한다. 요한 아른트(John Arndt)는 『진정한 기독교』[55)]에서 이러한 사람들의 망상을 다음과 같이 묘사했다.

"나는 세례를 받았으며, 순수한 하나님의 말씀을 지니고 있고, 그것에 귀를 기울인다. 나는 주님의 만찬에서 성찬에 참예하며, 기독교 신앙고백을 믿고 고백한다. 그러므로 나에게는 부족한 것이 없으며, 하나님은 나의 행위들을 기뻐하시며, 나는 구원 얻는 옳은 길에 서 있다."

이것이 오늘날 자신의 표면적인 행위가 참된 의가 된다고 여기는 많은 사람들의 그릇된 추론이다.

아른트가 같은 책에서 제시한 해답을 읽어 보라.[56]

그것 때문에 이 맹목적인 사람들은 하나님의 거룩한 의도를 완전히 뒤집는다. 하나님은 당신에게 세례를 주셨으며, 당신은 단 한 번만 세례를 받을 것이다. 그러나 하나님은 당신과 언약을 맺으셨다. 하나님 편에서는 은혜 언약이요, 인간 편에서는 믿음과 선한 양심의 언약이다. 그것은 평생 동안 지속되어야 한다. 만일 당신이 믿음과 선한 양심의 언약 안에 머물지 않거나 혹 거기서 떠나서 진심으로 회개하여 돌아오지 않는다면, 당신은 세례 및 은혜와 구원의 약속 안에서 위안을 얻지 못할 것이다. 그러므로 세례가 당신에게 유익이 되려면, 평생 동안 세례를 끊임없이 이용해야 한다.

당신은 하나님의 말씀을 듣는다. 그것은 좋은 일이다. 그러나 귀로 듣는 것만으로는 충분치 못하다. 당신은 말씀을 한 귀로 듣고 한 귀로 흘려 내보내는가? 아니면 하늘의 양식인 말씀이 당신의 마음속으로 스며들어 그곳에서 소화되게 함으로써 말씀의 생명력과 능력을 취하는가? 만일 당신이 말씀을 마음에 받아들여 그 생명력과 능력을 취한다면, 주께서 누가복음 11장 28절에서 하신 말씀이 당신에게 적용된 것이다: "하나님의 말씀을 듣고 지키는 자가 복이 있느니라."

그러나 만일 당신이 말씀을 한 귀로 듣고 한 귀로 흘려버린다면, 말씀을 듣는 일이 당신을 구원하지 못할 뿐 아니라 도리어 정죄를 증가시킬 것이다. 왜냐하면 당신은 하나님이 주신 은혜를 유익하게 사용하지 못했기 때문이다. 하나님의 말씀이 자기 안에서 열매를 맺으며 스스로 생각하기에 하나님을 섬기고 순종했으므로 분명히 구원을 얻을 것이라고 말할 수 있는 사람이 많지 않은 것은 슬픈 일이다.

이것은 우리가 복음적 위로와 죄 사함을 얻는 데 효과적인 방법이라고 생각하고 있는 죄고백(confession)과 면죄(absolution)에 있어서도 마찬가지이다. 그러나 이것은 신자들에게만 관련된 문제이다. 어떤 행동을 하고 신조를 외우고 면죄를 받아들인다는 이유 때문에 죄고백과 면죄가 자신들에게 유익한 것처럼 생각하여, 앞에서 언급된 참신앙을 조금도 가지고 있지 않은 사람들이 회개하지 않은 채 죄를 고백하고 면죄를 받는 것은 어찌 된 일인가?

성만찬에 있어서도 마찬가지이다. 많은 사람들은 단지 이 거룩한 일에 참여한다는 사실, 또 얼마나 자주 참여하느냐에만 관심을 둔다. 그들은 성찬에 참여함으로써 자기들의 영적 생명이 얼마나 튼튼해지는지, 자기의 마음과 입술과 생명으로 그리스도의 죽음을 전파하는지, 또는 주님이 그들 안에서 그들을 다스리시는지, 아니면 그들이 여전히 옛 아담을 보좌에 앉혀 놓고 있는지 등에 관해서는 거의 생각하지 않는다. 이것은 "표면적 행위"라는 위험한 잘못을 의미한다. 우리는 이러한 표면적 행위 때문에 가톨릭교도들을 비난하는데, 이것이 우리가 알지 못하는 사이에 약간 다시 도입되었다.

교회의 가르침에는 이것 때문에 비난받아야 할 점이 없다. 왜냐하면 교회는 그러한 망상을 적극적으로 반대하기 때문이다. 마귀의 간계와 인간의 사악함은 하나님의 은혜의 방편들을 이용하여 우리를 안심하게 하고, 그에 따라 보다 큰 정죄에 이르게 만들려 한다. 그러므로 설교자들은 신자들의 눈을 뜨게 해주기 위해서 그러한 거짓된 생각과 안도감에 맞서 더욱 부지런히 대항해야 한다. 그리함으로써 많은 사람들이 잠에서 깨어나고 멸망에서 벗어날 수 있기 때문이다.

우리 복음주의 루터교회는 참된 교회이며, 그 가르침이 순수하다. 그러나 불행히도 우리는 그 표면적인 형식을 슬픈 눈으로 바라

보지 않을 수 없는 상황에 처해 있다.

이러한 결점들에서 비롯된 범죄

우리 중에 살고 있는 유대인들이 우선적으로 이 모든 결점에 의해 범죄하게 되었다. 그들은 자신의 불신앙을 더 튼튼히 하고 주님의 이름을 모독하기에 이르렀다. 우리가 그리스도의 명령에 순종하지 않기 때문에, 그들은 우리가 그리스도를 참하나님으로 여긴다고 믿지 않는다. 그들은 우리의 삶을 근거로 그리스도 및 그리스도의 교훈을 판단하여 그리스도는 악한 사람이었음이 분명하다고 결론짓는다. 우리가 이 불쌍한 사람들로 하여금 실족케 한 것이 과거 유대인들의 완악함의 주원인이 되었으며, 그들의 회심을 가로막는 원인이 되었다. 스트라스부르크 대학의 교수였으며 후일 로스툭에서 강의하였던 고(故) 도르쉬(John George Dorsch) 박사는 로마서 11장 25-26절의 사도적인 비밀에 대한 헬비히(Jacob Hewig)의 취임 논쟁에[107] 응답하면서 다음과 같이 한탄하였다.

과거 유대인들이 이방인들에게 복음을 전파하는 것을 금지했던 것처럼, 오늘날 기독교인들은 불신앙, 위선, 불의, 사기,

음란, 수치스러운 행위, 분파주의, 증오, 투쟁, 무섭고 잔인한 전쟁, 그리고 (더욱 중요한 것으로서) 거룩하고 우애 있는 사랑의 유대를 끊어 놓은 슬픈 행위 등 매우 해로운 범죄에 의해 자신의 구원을 내던져버리며, 동시에 (자신들이 마땅히 일으켜야 하고 촉진시켜야 하는) 유대인들과 다른 불신자들의 구원을 방해하고 있다. 구원 얻는 믿음과 일치할 수 없는 그런 행위들이 우리 가운데서 이처럼 널리 행해지고 있는데, 어찌 우리가 교회의 타락하고 위험하고 절망적인 상태를 슬퍼하지 않겠는가? 우리 시대가 견디기 힘든 마지막 때임을 누가 의심할 것인가? 불신앙 때문에 하나님의 엄한 심판을 받아 잘라 내버림을 당할 사람들 속에 그리스도의 이름을 시인하는 사람들이 포함되지 않을까? 오늘날 (경건의 모양을 흉내 내지만 경건의 능력은 부인하며, 하나님의 선하심과 오래 참으심을 남용하여 진노를 산더미처럼 쌓아 올리고 있는) 기독교인들의 방탕하고 경건치 못한 생활 자체가 그들 자신의 사악함과 불신앙을 증언하는 것이 아닌가?

유대인들뿐만 아니라 온갖 종류의 이단자들도 우리로 말미암아 범죄한다. 그 중에 으뜸 되는 것이 가톨릭교도들이다. 그들은 마치 우리 기독교인들의 생활이 복음의 가르침 및 루터 종교개혁의 산물인 듯이 우리에게 적대감을 갖고 뽐내기를 그치지 않는다. 그들이 출판물을 통하여 제기한 비난들은 오래 전부터 경건한 목회자들에 의해 배격되어 왔다(주님 안에서 나의 사랑하는 형제인 제쉬 박사는 최근 세븐스틴 신부에 대항한 변론의 제2부에서 적대자들의 입을 열지 못하게 만들었다).[58] 그러나 그들은 비난을 계속하면서 교묘한 말로 우리 가운데 있는 약한 사람들을 혼동케 하며, 그들의 종교를 신봉하는 사람으로 하여금 더욱 우리 종교를 혐오하게 만들고 있다.

그리고 우리에게 호감을 갖고 있는 몇 명을 포함하여 많은 사람들은 다음과 같은 결론을 내린다. 즉 우리는 로마 가톨릭교회와 마찬가지로 바벨탑을 고수하고 있다. 그러므로 우리가 로마 가톨릭교회로부터 탈퇴한 것을 자랑할 수 없다.

이처럼 비참한 상태를 볼 때 경건한 사람들이 얼마나 애통해 하는지, 요셉의 환난[59]을 얼마나 근심하는지는 오직 하나님만이 아신다. 왜냐하면 그들은 그러한 상황을 목격하고 있으며, 실제로 상태가 개선되기는 커녕 더욱 악화되고 있음을 알고 있기 때문이다. 그들은 다윗이 시편 119편에서 한 말을 자주 인용하고 있다.

"주의 율법을 버린 악인들로 말미암아 내가 맹렬한 분노에 사로잡혔나이다"(시 119:53).

"그들이 주의 법을 지키지 아니하므로 내 눈물이 시냇물같이 흐르나이다"(시 119:136).

"내 대적들이 주의 말씀을 잊어버렸으므로 내 열정이 나를 삼켰나이다"(시 119:139).

"주의 말씀을 지키지 아니하는 거짓된 자들을 내가 보고 슬퍼하였나이다"(시 119:158).

경건한 사람들이 하나님을 사랑하고, 하나님의 이름이 거룩히 여김을 받고 하나님의 나라가 확장되고 하나님의 뜻이 이루어지기를 바라면 바랄수록(그들은 날마다 이를 위해 기도한다), 이처럼 가증스러운 행위를 보는 것은 그들에게 그만큼 더 큰 고통을 준다. 그들은 이러한 위험에 처해 있다고 생각되는 많은 영혼들 때문에 슬퍼한다. 그들이 이러한 추문들 속에서 세상에 오염되지 않고 자신을 지키는 것은 어려운 일이다. 그리고 그들은 자기 자신만이 아니라 자녀들이 유혹을 받아 악의 물결에 휩쓸려가지 않을까 염려한다. 하나님의 축복으로 말미암아 표면적으로 평온하고 부유하게 살고 있는 사람들은 전반적인 불행 때문에 낙담하여 자신이 처한 환경을 즐기지 못한다. 만일 하나님께서 강한 손으로 그들을 부축하여 주시지 않는다면, 그리하여 하나님께서(바룩에게 행하셨던 것처럼; 렘 45:5) 그들에게 노략물로서 생명을 주셨다는 확신을 주시지 않는다면, 그들은 슬픔 때문에 죽게 될 것이다.

 과거에도 그랬던 것처럼 이같이 비극적인 상황은 아직도 이단 교회, 특히 가톨릭교회에 속해 있지만 이처럼 가증스러운 것들을 잘 알고 있는 우호적인 사람들과 우리가 연합하는 것을 가로막는 주요 원인이다. 믿을 수 없는 이야기 같지만, 표면적으로는 가톨릭교회와 관계를 갖고 있으면서도 교황과 그의 교황청을 하나님께서 예언하신 적그리스도라고 생각하고, 마음으로 애통하며 탄식을 쏟아내는 사람들이 있다. 그들은 자기 교회에 몇 가지 잘못된 점들이 있으며, 다른 교회들에는 잘못된 것만이 아니라 가증스러운 것이 있음을 인식한다. 그리하여 그들은 참되고 분명한 그리스도의 교회를 발견할 수만 있다면 기꺼이 그 교회와 연합하려 한다. 그러나 결국 그들은 이 땅에 순수한 교회가 더 이상 존재하지 않는다는, 하나님의 자녀들은 여전히 바벨론에서 포로생활을 하고 있으며 인내심을 가지고 하나님의 구속을 기다려야 한다는, 이 바벨론 포로생활 중에 두렵고 떨림으로 하나님을 섬기고 악을 멀리해야 한다는 결론에 이른다. 그들은 그 외에 다른 해결책을 알지 못하기 때문에 끊임없이 불안해하고 염려한다. 그들은 자기들의 눈에 비치는 우리 교회의 외형만 볼 뿐 우리의 가르침을 알지 못하기 때문에(우리의 가르침을 알고 있는 사람들은 생활을 규제하지 못하는 교리는 겉치레에 불과하다고 생각하며, 하나님의 나라를 말씀 안에서 찾으려 하지 않고 능력에서 찾으려 한다), 우리 교회도 그들의 교회와 마찬가지로 참교회가 되기 어렵다고, 어디나 마찬가지로 악하고 혼란한 바벨론의 상태이기 때문에 이 교회 저 교회로 옮겨 다닐 필요가 없다고 생각한다.

이런 사람들은 용서받을 수 없다. 왜냐하면 그들에게는 우리 교회의 가르침을 알 수 있는 기회가 충분히 있기 때문이다. 만일 우리의 가르침이 하나님의 말씀과 일치하고 그들의 가르침은 하나님의 말씀에 일치하지 않는다는 사실을 발견하게 된다면 그들은 적어도 교리적으로는 순수한 교회, 참되고 경건한 하나님의 자녀들을 만날 수 있다고 확신할 수 있으며(이사야 55:3에 기록된 하나님의 약속에 따라), 그들이 신앙을 고백할 때에 잘못된 것에 묵종하지 않고, 공중 예배 때에 우상숭배나 그와 유사한 죄에 참여할 것을 강요받지 않으며, 많은 모욕적인 일들을 보아야 하지만 그래도 자신을 깨끗이 지킬 수 있는 교회와 연합하라는 양심의 강요를 받을 것이다.

앞에서 언급한 죄들 때문에 우리 교회를 바벨론과 동일시하는 것은 지나친 일이다. 무엇이 영적 바벨론인지는 오직 성령의 가르침에 따라야 한다. 사도 요한은 계시록 18장 5, 9, 18절에서 눈을 반쯤 감지 않고서는 발견할 수 없는 방법으로 그것을 묘사하였다. 영적 바벨론이란 지상의 왕국들에게 제국의 힘을 휘둘렀던 위대한 도시 로마이며, 영적인 지배를 의미한다. 왜냐하면 그것은 이 세상에 대한 세속적인 지배를 상실한 후에 다시 영적으로 지배하려 하기 때문이다.

성경의 안내가 없이 우리 자신의 얕은 생각으로는 이 영적 바벨론을 상세히 설명할 능력이 없다. 그러므로 비록 영적 바벨론의 특징인 악한 관습을 몇 가지 지니고 있다 해도, 공개적으로 바벨론과 그의 통치를 거부하고 그 뜻에 복종하지 않으며 그의 지배를 받지 않으려는 교회는 결코 바벨론에 속한 교회일 수 없다(과거에 유대인들이 고레스의 칙령에 의해 대제사장 여호수아와 총독 스룹바벨의 인도 하에

바벨론에서 귀환하였던 것과 같이).[60]

종교개혁이라는 복된 사역을 통하여 우리를 로마 가톨릭교회에서 인도하여 내시고 자유를 누리게 하신 하나님께 아무리 감사해도 충분치 못할 것이다. 그러나 과거 유대인들에게 일어났던 일이 우리에게도 발생했다. 유대인들은 예루살렘으로 귀환하여 성읍과 땅을 점령하고 건설하기 시작하였으며, 2년이 되는 해에는 여호와의 집을 세우기 위해 기초를 놓았다. 그러나 그들을 방해하려는 사람들이 있었고, 아닥사스다 왕의 조서가 내려 성전 건축은 다리오 왕 2년에 이르기까지 중단되었다.[61] 설상가상으로 유대인들은 나태해져서 자기들이 바벨론에서 해방되어 몇 가지 종교의식을 다시 행하게 된 것으로 만족하였다. 그들은 의식들을 선한 상태로 회복시키려 노력하지 않고 다만 일시적인 평온과 평화만을 즐겼다. 그 때 하나님께서 학개를 통하여 그들에게 외치셨다.

"이 백성이 말하기를 여호와의 전을 건축할 시기가 이르지 아니하였다 하느니라…이 성전이 황폐하였거늘 너희가 이 때에 판벽한 집에 거주하는 것이 옳으냐"(학 1:2, 4).

유대인들은 이제 포로생활을 하지 않게 되었지만 그들의 영적, 세속적 상태는 전혀 올바르지 못했다. 바벨론에 있을 때부터 익숙해

저 있었던 바 여호와의 집을 경멸하는 태도가 굳어졌으므로, 그들의 영적 상태는 포로생활 때보다 나을 것이 없었다.

마침내 선지자 학개와 스가랴의 진지한 권면으로 성전이 스룹바벨과 여호수아의 감독 하에 완성되었다.[62] 그러나 이것은 모든 일이 과거에 행해졌던 것처럼 올바르게 행해졌다는 의미가 아니며, 또 모든 것이 바벨론 왕에 의해 파괴되기 이전처럼 회복되었다는 의미도 아니다. 서기관 에스라가 왔고, 몇 년 후에는 느헤미야가 돌아왔다. 그들은 교회를 재조직하고 예루살렘 성벽을 재건하고 국가를 회복하기 위해 애썼다. 이러한 일들이 기록되어 있는 에스라서와 느헤미야서를 읽어보면 우리 시대에 적용되는 사실들을 많이 발견하게 될 것이다.

예루살렘에서의 일들이 마땅한 상태에 있지 않았다고 해서 유대인들이 여전히 바벨론에서 포로생활을 하였다고 결론지을 수 없듯이, 오늘날 우리의 상태가 지닌 결점 때문에 종교개혁 안에 주어진 하나님의 축복에 감사하지 않은 사람들에게 끌려 바벨론으로 돌아가는 일은 있을 수 없다. 유대인들은 포로생활을 하던 바벨론을 떠나는 것으로 만족하지 않았다. 그들은 성전을 재건하고 성전에서의 아름다운 의식들을 회복시키기를 기대했다. 그러므로 우리도 바벨론에서 빠져나왔다는 생각으로 만족해서는 안 된다. 아직도 남아 있는 결점들을 바로잡기 위해 노력해야 한다.

경건한 사람들이 우리의 비참한 상태를 안타까워하면서 불평하는 목적이 바로 이것이다. 즉 우리는 서로를 격려하며 전보다 더 열심히 하나님의 사업을 발전시켜야 한다. 어떤 사람들은 교회의 결점들을 드러내어 적들로 하여금 알게 하지 말고 그대로 덮어 두어야 한다는 반론을 제기한다. 이에 대해서는 단지 만족스럽게 바라보기 위해서 그러한 결점들을 세상에 폭로하는 것은 무책임한 일이라고 대답할 수 있다. 아버지 노아가 벌거벗은 것을 비웃으며 바라본 함이나 가나안과 같은 사람들은 저주를 받을 것이다.[63]

그러나 마음을 살피시는 분이 아시는 바와 같이, 경건한 사람들의 불평은 이와는 다른 동기와 목적에서 비롯된다. 우리는 하나님의 영광을 위한 열정과 사랑 때문에 이런 목적에 위배되는 것을 보면 안타까워하며, 또 각 사람들에게 감화를 주어 그것에 진정한 흥미를 느끼게 만들기를 갈망한다. 나로 하여금 치료할 수 있다고 기대되는 사람들에게 상처를 드러내 보여 주게 하는 것은 사랑이다.

게다가 우리는 이미 일반적으로 알려져 있지 않은 사실들을 폭로하고 있는 것이 아니다. 교회의 은밀한 결점들을 언급하려는 것이 우리의 의도가 아니다. 그러나 그런 것들은 우리의 대적들의 관심사이므로 그들에게 숨기려는 것은 무익한 일이다. 만일 우리가 적들에게 그것들을 비밀로 지켜야 한다고 생각한다면, 우리는 짐짓 그들이 우리만큼 분명하게 이것들을 보지 못한다고 가정할 것이다. 그러나 적들은 살쾡이의 눈을 가졌으므로 우리 자신도 알지 못하는 많은 사실들을 보고 있다. 그러므로 만일 우리의 대적들이 오래 전부터 살펴보고 있었던 것을 숨기려 하며 우리의 상황을 옹호하려고 할 때에 우리에게 돌아오는 것은 비난뿐이다. 반면에 우리가 잘못을 인정하고 그것들에 대해 충심으로 불쾌감을 표현한다면, 모든 교회가 비난을 받지 않을 것이다. 실제로 우리의 결점들이 우리 종교 자체에서 비롯된 것이 아니라 오염된 인간들의 마음에서 비롯되었음을 우리의 적들이 인식하게 될 때에, 우리는 그것들을 감추지 않고 드러냄으로써 그 결점들이 우리 신도 안에 내재하거나 외부에 있는 것임을 잘 증명할 수 있다. 어쨌든 우리의 대적-특히 로마 가톨릭교회-은 우리가 스스로 고백한 외적인 결점들을 자신에게 유리하게 사용할 수 없다.

우리가 세상에 공개한 그들의 죄악과 허물은 말할 것도 없고, 세속적인 신분에 관계없이 과거와 근래에도 그들의 자녀들 중에 정직하고 우호적인 사람들은 그와 유사한 실수 때문에 그들을 비난해 왔고, 지금도 여전히 비난하고 있다. 그들은 이것을 부인할 수 없다. 그들은 자신의 결점을 부끄러워해야 한다. 그들은 다른 곳이 자기들만큼 깨끗하지 못하다고 자랑하기 전에 먼저 자기 집 문의 먼지부터 닦아야 한다. 오늘날 우리에게서 발견되는 많은 좋지 않은 것들은 가톨릭교회로부터 물려받은 것이며, 또한 그것과 유사하거나 덧붙였거나 훨씬 악한 일들이 지금도 가톨릭교회에서 성행하고 있으므로 우리가 그것들을 로마 가톨릭교회의 문 앞에 놓는 것이 합당하다.

한편 우리는 교회에 대한 사랑과 하나님의 영광에 대한 사랑의 강권을 받아 경건한 사람들이 동경하는 바를 이어주고 발전시키며, 잘못을 범하는 자들에게 참된 지식의 문을 활짝 열어 주어야 한다. 그러한 목적을 달성하려면 우리 교회의 결점들을 부지런히 자세히 조사해야 한다. 우리가 그 잘못들을 지적하지 않아도 적들은 충분히 알고 있으므로, 우리의 잘못을 불문에 붙이려 해서는 안 된다. 하나님의 자녀들은 모든 힘을 기울여 서로 협력하여 도와야 한다.

| 제2부 |
교회가 선한 상태를 회복할 가능성이 있는가?

성경을 보면 하나님이 이 세상 교회가 지금보다 좋은 상태를 지니도록 약속하셨음을 분명히 알 수 있다.

우선 사도 바울의 훌륭한 예언 및 로마서 11장 25-26절에서 밝힌 비밀, 즉 이방인의 충만한 수가 들어온 후에 모든 이스라엘이 구원을 얻으리라는 말씀을 발견할 수 있다. 이제까지 마음이 완악해져 있던 유대인들 모두는 아니라도 상당히 많은 사람들이 회개하고 여호와에게로 돌아올 것이다. 바르게 이해하면 구약 예언서 중 많은 구절들, 예를 들면 호세아 3장 4-5절 등도 같은 사실을 언급한다고 볼 수 있다.

고대 교회의 교부들은 물론 우리 시대의 유명한 신학자들도 앞에서 언급된 사도 바울의 비밀을 믿고 있다. 그러나 다른 점에서 존경받는 우리의 교사인 루터 외에도 몇 명의 훌륭한 박사들은 과연 바울이 말하려 한 것이 그 구절의 문자 그대로의 의미인가 하는 의문을 제기했다. 그들은 그 예언이 사도 시대 이후 유대인들의 회심에 의해 충분히 성취되었다고 주장한다. 우리는 이러한 주장을 하는 사람들을 비난하거나 광범위한 논쟁으로 이 견해를 대적하려 하지는 않는다(왜냐하면 하나의 예언이 성취되기 전에는 비록 통달한 사람이라도 그것을 잘못 해석하는 일이 흔히 있을 수 있음을 알기 때문이다). 그러나 우리는 사도 바울의 모든 서신의 문맥에 놀랍도록 조화를 이루고 있는 그 구절의 문자 그대로의 의미를 전환하기를 원하지 않는다. 우리는 사람들이 이것을 나쁘게 해석하지 않기를 기대한다.

둘째, 우리는 로마 가톨릭교회의 몰락을 기대할 수 있다. 로마 가톨릭교회는 마틴 루터에 의해 결정적인 타격을 받았다. 그러나 요한계시록 18, 19장에서 성령께서 얼마나 그 예언의 성취를 강조하셨는지를 살펴볼 때에 가톨릭교회의 영적인 능력이은 아직도 너무 크기 때문에 우리는 계시록 18, 19장의 예언이 완전히 성취되었다고 주장할 수는 없다.

이 두 가지 일이 일어날 때에 모든 참교회는 지금보다 훨씬 영광되고 거룩한 상태에 있게 되리라는 것을 의심할 사람이 없을 것이다. 유대인들의 회심에는 교회의 거룩한 생활이 그 수단이 되며, 적어도 회심에 방해가 되는 것들을 제거해야 한다. 유대인들이 회심하도록 하려면 교회는 지금보다 더 거룩해져야 한다. 우리가 예견할 수 없는 방법으로 역사하시는 하나님의 능력에 의해 유대인들이 회심한다고 해도, 이 새로 회심한 사람들(이들은 분명히 전에 기독교로 개종한 이교도들과 마찬가지로 열심을 가질 것이다)의 본보기에 이어 교회의 놀라운 변화와 개선이 따를 것이라고 생각할 수는 없다. 어쨌든 이교도들과 유대인들로 구성된 모든 하나님의 교회가 상호 경쟁을 통해 하나의 믿음과 풍성한 열매로 하나님을 섬기고, 열심히 그 모든 지체들의 덕을 세우기를 바란다.

만일 기독교를 대적하는 로마 가톨릭교회가 제거되며, 또 루터 시대 이전에 살았던 사람들처럼 가톨릭의 가혹한 폭정 아래서 어디로 가야 할지 알지 못한 채 구원을 갈망하며 탄식하는 사람들이 속박에서 벗어나 복음의 자유를 누리게 된다면, 이 목적에 크게 공헌하게 될 것이다. 그렇게 되면 이 복음은 그들의 눈에 보다 밝게 비칠 것이다.

하나님께서 우리에게 약속하셨으며, 하나님의 말씀은 한 마디도

남김없이 반드시 이루어지고 결실을 거두게 될 것이므로, 그 약속은 때가 되면 이루어질 것이다. 그러나 솔로몬이 게으른 사람에 대해 말한 것처럼,[1] 그러한 결실을 바라는 동안 단지 그것을 기다리고 간절히 바라는 것만으로 충분하지 못하다. 우리는 한편으로는 유대인들을 회심시키고 가톨릭교회의 영적 능력을 약화시키기 위해 가능한 모든 일을 행하려 해야 하며, 또 다른 한편으로는 교회를 개혁해야 한다. 그 목적을 완전하고 온전하게 이루지 못할 것이 분명하다고 해도, 우리는 가능한 모든 힘을 기울여야 한다.

하나님의 계획은 우리가 없어도 성취되며, 성경에 계시된 것들은 우리의 행위와는 상관없이 반드시 이루어질 것이다. 그러나 모르드개가 여동생 에스더에게 한 말이 우리에게도 적용된다는 것을 기억해야 한다.

"이 때에 네가 만일 잠잠하여 말이 없으면 유다인은 다른 데로 말미암아 놓임과 구원을 얻으려니와 너와 네 아버지 집은 멸망하리라"(에 4:14).

하나님은 자신의 종 루터를 통하여 우리에게 밝은 복음의 빛을 회복시켜 주셨다. 그런데 만일 우리가 맡은 임무를 감당하지 않으면 하나님은 다른 곳에서 도움을 얻으시고 자신의 영광을 보존하실 것이다. 그러므로 태만함 때문에 우리를 벌하시기 위해서 하나님이 우리에게서 이 빛을 빼앗아 다른 사람에게로 가실 것을 두려워해야 한다. 우리는 감사하지 못하는 태도 때문에 이미 그러한 벌을 수천 번이나 받아야 했다.

이런 점에 있어서 나는 훌륭한 신학자인 에라스무스 사르케리우스(Erasmus Sarcerius)의 탄식을 인용하지 않을 수 없다. 그는 교회의 번영에 대해 잘 알고 있었던 사람으로서 자신의 저서[2]에서 참되고 진정한 종교를 보존하며 발전시키는 방법에 대하여 저술하였다.

"하나님의 말씀을 등한히 여길 때 참되고 진정한 종교는 붕괴된다. 이처럼 참된 종교가 무너진 곳에서는 아무도 구원을 얻을 수 없을 것이다. 우리의 죄, 무모하고 경건치 못한 행실, 안일하고 부정한 생활, 사악함과 방탕 등을 우리 조상들이나 유대인들의 범죄와 비교해볼 때, 우리가 그들보다 나은 것이 없다고 생각한다. 사르다나팔루스(Sardanapalus)[3]의 삶과 같이 흉악하고 향락적인 생활 속에 참되고 진정한 종교가 생존할 수 없다는 것이 나의 판단이며 견해이다. 맹목적이고 냉담한 우리 독일인들의 방종하고 난잡한 생활 때문에 참되고 진정한 종교가 쫓겨 간다는 것은 슬픈 일이 아닐 수 없다. 그것을 멈출 수가 없다. 아무도 자신의 생활을 개선하려 하지 않는다. 범죄하는 것은 인간이며, 죄에 대한 형벌을 받지 않으려는 것은 악마의 짓이다.

우리가 범죄해도 그 죄에 대한 형벌을 감당할 수 있다면 아직 소망이 있다. 그러므로 나는 참되고 진정한 종교가 전성기에 달했었다고 결론짓는다. 나는 복음이 전파될 때에 그것이 개혁을 위한 것이 아니라 하나의 증거로 여겨져 두려움을 느낀다. 그리스도는 마태복음 24장 14절에서 말씀하시기를 마지막 날에 복음이 '증언되기 위해' 전파되리라고 하셨다. 그리스도께서 말씀하신 것은 오늘날 우리 시대를 말씀하신 것이다. 그리스도께서 ('인자가 올 때에 믿음을 보겠느냐?' 고 말씀하시면서) 예언하신 것이 이루어진다고 해도, 아무도 예절이나 훈련에 주의를 기울이지 않을 것이다. 우리 설교자들이 '회개하고 거듭나라' 고 가르치고 외쳐도 사람들은 제멋대로 행동할 것이다. 정부에서는 백성들의 기강을 바로잡기 위한 일을 전혀 하지 않으며, 백성들도 그것을 원하지 않는다. 몇 명의 신실한 설교자들이 그것의 회복을 원하지만, 그처럼 혼란하고 무질서한 생활 속에서는 불가능한 일이다. 그러나 그들이 포기하지 않고 최선을 다하면 가능한 곳에서 도움을 얻게 될 것이다. 우리가 참되고 진정한 종교에 관심을 가지고 있다면, 그것을 유지할 수 있는 방법을 생각해야 한다. 나에게는 아무런 계획이 없다. 혹시 내가 무엇을 제안해도 그것에 주의를 기울일 사람이 없을 것이다. 우리는 한때 하나님의 은혜로 말미암아 참되고 진정한 종교를 소유했었지만 우리의 죄악과 범죄 때문에 그 귀한 종교를 상실하게 되었음을 경험하여 알게 될 것이다."

이미 100여 년 전에 이분은 이러한 일이 일어날 것을 염려했지만 그 동안 전혀 개선된 점이 없었으므로, 우리는 더욱 걱정을 해야 한다. 왜냐하면 그 동안 진노가 더욱 배가되었을 것이기 때문이다. 아마 우리는 사람들을 회심시킬 수 있게 되고, 또한 교회가 보다 선한 상태에 이르게 하기 위해 항상 조심하며 어떤 일이든 게을리 하지 않고 안심할 수 있는 충분한 근거를 갖게 될 수도 있다.

우리가 너무 많은 것을 목표로 삼고 구한다고 생각해서는 안 된다. 우리는 플라톤적인 상태[4]에 살고 있는 것이 아니므로 모든 일이 완전하고 규칙과 일치할 수는 없다. 그러므로 우리 시대의 악한 상황에 대해 분노하기보다는 측은히 여겨야 한다. 온전함을 구한다면 우리는 이 세상을 버리고 내세로 가야 한다. 내세에서만 온전한 것을 만날 수 있을 것이다. 내세에 가기 전에는 그것을 바랄 수 없다. 이러한 반론을 제기하는 사람들에게 나는 다음과 같이 대답한다: 첫째, 온전함을 구하는 것이 금지된 것이 아니다. 우리는 오히려 온전함을 향해 나아가라는 권면을 받는다. 우리가 그것을 얻는다면 얼마나 바람직한 일이 될 것인가! 둘째, 우리는 이 세상에서 그것을 이룰 수 없음을 인정한다. 경건한 기독교인이라면 믿음이 발전할수록 자신의 부족함을 깨달을 것이다. 따라서 온전함에 이르려고 애쓰는 것이 가장 큰 망상이다.

이것은 마치 학문을 연구하기 시작하여 6개월 정도 된 사람은 스스로 무척 유식하다고 생각하지만 오랜 기간 학문을 연구하여 크게 발전한 사람들은 그렇게 생각하지 않는 것과 같다. 이런 사람들은 시간이 흐름에 따라 참된 학식의 의미를 보다 잘 알게 된다. 영적인 문제에 있어서도 온전함에 이르기 위한 첫걸음을 떼기 시작한 사람들은 이미 몇 걸음을 뗀 사람들보다 더 온전하다고 생각한다고 할 수 있다. 한편 비록 우리가 이 세상에서 더 이상 첨가할 수 없을 만큼 완전한 온전함을 이루지는 못하지만, 우리에게는 어느 정도의 온전함을 이루어야 하는 의무가 있다. 사도 바울이 초대교회 교인들에게 말한 것은 모든 기독교인들에게 적용된다.

"마지막으로 말하노니 형제들아 기뻐하라 온전하게 되며" (고후 13:11).

"또 이것을 위하여 구하니 곧 너희가 온전하게 되는 것이라"(고후 13:9).

"우리가 그를 전파하여 각 사람을 권하고 모든 지혜로 각 사람을 가르침은 각 사람을 그리스도 안에서 완전한 자로 세우려 함이니"(골 1:28).

"이는 하나님의 사람으로 온전하게 하며 모든 선한 일을 행할 능력을 갖추게 하려 함이라"(딤후 3:17).

"그러므로 누구든지 우리 온전히 이룬 자들은 이렇게 생각할지니…"(빌 3:15).

"내가 이미 얻었다 함도 아니요 온전히 이루었다 함도 아니라"(빌 3:12).

"우리가 다 하나님의 아들을 믿는 것과 아는 일에 하나가 되어 온전한 사람을 이루어 그리스도의 장성한 분량이 충만한 데까지 이르리니"(엡 4:13).

우리는 온전함이란 교회 안에 위선자가 한 사람도 없어야 한다는 식으로 이해하지는 않는다. 밭에는 항상 잡초가 있게 마련임을 알기 때문이다. 우리가 생각하는 온전함이란 교회 안에 분명한 범죄 행위들이 없어야 하며, 그러한 범죄 행위를 한 사람들은 마땅한 책망을 받고 궁극적으로는 교회에서 축출되어야 한다는 것, 그리고 교회의 참된 지체들은 풍성한 믿음의 열매를 맺어야 한다는 것이다. 그렇게 되면 잡초가 곡식을 가리지 못할 것이며, 오늘날처럼 교회를 보기 흉하게 만들지도 못할 것이다. 오히려 곡식이 잡초를 덮어 눈에 띄지 못하게 할 것이다.

이것이 불가능하다고 생각하지 않기 위해 초대교회의 예를 들어 보자. 그 시대에 가능했던 일이 오늘날 절대적으로 불가능할 수는 없다. 교회사를 살펴보면 초대교회는 매우 거룩한 상태에 있었으므로 기독교인들은 경건하게 생활했고, 이것을 기준으로 하여 기독교인과 기독교인이 아닌 사람들을 구분하였다. 터툴리안(Tertullian)은 다음과 같이 말했다.

"우리는 어리석은 사람들이 만들어낸 것을 공경하지 말라고 가르치는 가장 훌륭한 지혜, 다른 사람들의 물건을 탐내지 않는 절제, 더럽혀지지 않은 순결, 궁핍한 자를 돕는 자비심, 우리로 하여금 불의를 기뻐하지 못하게 하는 진리, 그리고 죽기까지 사랑하라고 배워온 진리 등의 표식을 나타내야 한다. 그러므로 누가 기독교인인지 알려면 이러한 표식에 따라 판단해야 할 것이다."[5]

그 당시의 상황은 얼마나 훌륭했는지 모른다! 이그나티우스는 에베소 사람들에게 보낸 서신에 다음과 같이 기록하였다.

"스스로 기독교인이라고 고백하는 자들을 그 말뿐만 아니라 행위로 판단할 수 있다."[6]

유세비우스(Eusebius)는 자신의 저서 『교회사』 제7장에서 교회가 이교도들 사이에서 좋지 않은 평판을 받게 된 것은 이단자들의 악한 생활의 결과라고 서술하고 다음과 같이 덧붙였다.

"그러나 유일하고 참된 보편교회의 밝음은 놀랍도록 증가해 갔다. 왜냐하면 그 교회는 항상 동일한 취지를 동일한 방법으로 주장하며, 모든 헬라인들과 야만인들에게 경건하고 신실하고 자유로운 본성과 절제, 그리고 생각하고 행동하는 데 대한 순수한 하나님의 가르침을 비추어 주기 때문이다."[7]

터툴리안은 원수들과 총독 앞에서도 교회의 이름으로 자랑하기를 주저하지 않았다.

"우리는 수중에 있는 재산을 거절하지 않으며, 신혼의 침실을 더럽히지 않으며, 보호해야 할 사람들을 신실하게 대하며,

궁핍한 자를 도우며, 악을 악으로 갚지 않습니다."[8]

저스틴(Justin)도 자신의 변증론에 기록하기를, 어떤 사람들은 기독교인들이 사람들과 교제하면서 나타내는 의와 고결함을 보고 회심했다고 하였다.[9]

타티안(Tatian)이 이교도들이 매춘 행위를 했다고 고발하면서 기독교 여인들을 찬양한 말은 참으로 아름다운 말이다.

"우리 중에 있는 여인들은 모두 정결하다!"[10]

오리겐(Origen)은 다음과 같이 자랑하였다.

"예수님의 이름은 생계를 유지하거나 육체적인 필요를 충족시키기 위해서 기독교인인 체하는 사람들의 영에 영향을 주는 것이 아니라 하나님과 예수 그리스도, 그리고 장차 임할 심판에 대한 교리를 정직하게 받아들이는 사람들의 영을 온유하게 하며, 성품을 변화시키고, 친절하고 선하고 온유한 마음을 진작시킨다."[11]

이 때문에 초대교회 교인들은 교회에 입회하기를 희망하는 사람들의 생활을 신중하게 조사하고 시험하였다. 부르심을 받은 일[12]에 합당한 생활을 영위할 것이라고 믿을 근거가 있어야만 교회에 입회할 수 있었다. 오리겐은 셀수스(Celsus)[13]를 반박한 책에서 이것을 증명하였다. 범죄한 사람들은 가혹한 처벌을 받았으므로, 당시 정부가 기독교인의 편에 서지 않았음에도 불구하고 어떻게 기독교인들이 그처럼 엄격한 기강과 질서를 유지하고 있는지 의아해 했다. 감독이 주관하는 장로들의 회의에 따라서 범죄자들은 교회의 회중에서 축출되었고, 충분히 개선하지 않는 한 재입회가 허락되지 않았다. 그것에 의하여 교회는 지체들의 범죄를 묵인하지 않고, 다른 이들을 범죄하지 못하게 막으며, 타락한 사람들을 개심시킨다는 것을 증명하였다. 또 교회의 표준에 따라 생활하는 사람들만을 형제로 인정하였다. 저스틴은 "그리스도께서 가르치신 대로 생활하지 않는 자를 기독교인이라고 생각해서는 안 된다"고 선언하였다. 그는 황제들에게 다음과 같이 감명 깊은 말을 했다.

"이러한 그리스도의 가르침에 따라 살지 않고 명목상으로만 기독교인인 체하는 사람들은 모두 처벌할 것을 요구합니다."[14]

이교도인 플리니(Pliny)는 트라얀(Trajan) 황제에게 보낸 서신에서 말하기를, 자신이 진상을 파악하기 위해 어떤 사람들을 고문했지만 그들이 로마인들이 비난하는 종교를 신봉한다는 것 외에는 아무런 죄도 발견하지 못했다고 하였다.[15] 이 말은 기독교인들의 공공연한 원수인 재판관의 입에서 나온 말이므로 매우 중요한 의미를 갖는다.

기독교인들 개개인의 빛나는 거룩한 덕행의 예를 읽어 보면 누구나 깊은 감명을 받을 것이다. 하나님을 향한 강한 사랑 때문에 기독교인들은 귀하신 구주에 대한 신앙고백이 위험에 처해 있을 때에 그것에 놀라지 않고 오히려 지극히 두려운 순교를 향하여 돌진했다! 서로를 "형제", "자매"라는 사랑스러운 명칭으로 부를 뿐만 아니라, 필요한 경우에 서로를 위해 기꺼이 죽을 수도 있는 그들의 사랑은 얼마나 열렬한 사랑이었던가! 만일 이러한 일이나 초대교회 교인들의 덕행, 또는 그에 대한 고대인들의 증언을 읽고자 한다면 단하우어(John Conrad Dannhauer)[16]의 *Christeris*, 또는 스트라스부르크에서 나와 함께 공부하였으며 후일에 나와 같이 교수로 봉직한 베벨(Balthasar Bebel)[17]의 *Antiquitates Ecclesiae*를 읽어 보기를 권한다.

초대교회의 상태를 보면 우리의 변덕스러운 상태를 부끄럽게 여기게 된다. 동시에 그것은 우리가 추구하는 것이 많은 사람들이 상상하는 것처럼 불가능한 일이 아님을 증명해 준다. 우리가 그와 유사한 칭송을 받지 못하고 있는 것은 우리 자신의 허물 때문이다. 하나님이 우리에게 주신 성령은 초대교회 교인들의 모든 일에 영향을 끼치신 성령과 동일한 성령으로서, 그분은 오늘날도 우리 안에서 적극적으로 성화의 사역을 이루실 수 있다. 이러한 성화의 역사가 일어나지 않는 것은 우리가 성령의 사역을 허락하지 않고 도리어 방해하기 때문이다. 그러므로 우리의 상태가 개선되기만 한다면, 이 문제에 대한 우리의 논의는 결코 헛되지 않을 것이다.

나는 자신에게 한계가 있음을 인정한다. 나는 다른 사역자들보다 뛰어난 통찰력을 지니고 있어서 이러한 병폐들을 치유할 방법을 안다고 주장할 만큼 주제넘지 못하다. 오히려 그 반대이다. 나는 매일 나 자신에게서 잘못을 발견한다. 그러므로 보다 많은 지식과 이해와 경험이 있는 유능한 사람들이 이 문제를 맡아서 하나님을 경외하는 마음으로 생각해보아 복음적 교회에 필요하다고 생각되는 것을 제시해 주고, 하나님의 은혜로 말미암아 그들이 발견한 유익한 제안들을 효과적으로 시행할 수 있는 수단과 방법을 생각해 주기 바란다. 만일 그렇지 않다면 모든 논의는 쓸모없는 것이 될 것이다.

우리 기독교인들, 특히 주님이 교회의 파수꾼으로 세우신 사람들에게는 우리 모두에게 관련된 문제에 있어서 교회의 상황을 조사하고 그것을 개선할 수 있는 방법을 모색해야 할 책임이 있다. 교회는 어디에 있든지 하나의 본성을 지닌 하나의 몸이기 때문에 특히 그러하다. 그러므로 비록 모든 곳의 교회가 동일한 질병으로 고생하지는 않아도 끊임없이 그러한 고통의 위험 아래 있다. 이것은 또한 자기가 맡은 회중을 개선시키기 위해 유익한 일이 무엇인지를 부지런히 조사하고 발견하는 사람들은 다른 곳에서의 약간 상이한 상황을 그리 세심하게 관찰하지 않고서도 그 회중들을 도울 수 있는 방법을 알 수 있다는 의미이기도 하다. 모든 설교자들이 이러한 일을 하기 위해 부름을 받았음은 논의의 여지가 없다. 그래서 나는 하나님이 내게 주신 능력에 따라 나와 동료 목회자들에게 맡겨진 교회의 결정들을 바로잡을 방법 및 이 교회를 세울 방법을 곰곰이 생각해 본 후에 담대하게 성경의 인도와 경건한 묵상에 근거하여 유익하고 필요하다고 생각되는 것들을 기록하였다. 이것으로 인하여 이러한 문제에 있어서 나보다 더욱 잘 알고 영향력 있는 사람들이 이 중요한 문제에 대해 더 많이 생각하고, 또 이 제안에 부족한 것들을 보충해 주며, 만일 이 제안들이 실질적인 것이 못된다면 보다 좋은 의견들을 제시해 주기를 기원한다!

나는 목회자로서의 임무를 이행하고 영성교육에 관련된 유익하고 좋은 것을 가르쳐 주는 사람이라면, 비록 그가 어리석은 사람이라도 그에게 복종하고 감사하려 한다. 이 모든 일은 우리의 계획이 아니라 하나님의 계획이다. 따라서 하나님은 세상의 안목으로 볼 때에는 대수롭지 않고 멸시 받는 사람이라도 자신이 복 주시기로 작정하신 사람들을 매개체로 사용하여 그러한 제안을 하실 자유를 가지고 계시다.

이러한 하나님의 축복을 신뢰하고 교회를 위한 최선의 방법을 알고 있는 사람에게 복종할 때에 나의 비천한 견해도 그러한 방향으로 나아가게 되어 모든 교회가 하나님의 은혜의 도움을 받게 되고, 영광된 상태를 회복하게 될 것이다. 그러나 여기에서 그 방법들을 모두 언급하지는 않겠다. 예를 들면 유명한 신학자 요한 자우베르트(Johann Saubert)[18]의 저서에서 취급한 것으로서 교회 기강의 확립이나 어린이 교육 등이다.

| 제3부 |
교회의 올바른 상태 회복을 위한 제안

1.

하나님의 말씀을 보다 폭넓게 사용하는 데 대해 생각해 보자. 우리는 자신에게 본성적으로 선한 것이 없음을 알고 있다. 만일 우리 안에 선한 것이 있다면 그것은 하나님이 이루신 것임이 분명하다. 하나님의 말씀은 이러한 목적을 위한 강력한 수단이 된다. 왜냐하면 복음을 통하여 믿음의 불을 밝히게 되고, 율법은 선한 사업에 대한 규칙들과 그것들을 얻기 위한 놀라운 자극을 제공하여 주기 때문이다. 우리는 하나님의 말씀을 잘 알수록 그만큼 더 많은 믿음과 그에 따른 열매를 얻는다.

(이 도시에서 행해지는 것과 마찬가지로)[1] 다른 많은 도시에서도 매일

또는 자주 강단에서 설교를 하므로 하나님의 말씀은 우리 가운데서 지극히 자유로운 과정을 취하는 듯이 보일지도 모른다. 그러나 이 문제를 좀 더 생각해 보면, 이 첫째 제안에 관한 한 더 많은 것이 필요함을 발견할 것이다. 나는 결코 하나의 기독교 회중이 하나의 성경 본문을 읽고 해설함으로써 교훈을 얻는 설교 방법에 반대하지 않는다. 나 자신도 그렇게 행하고 있기 때문이다. 그렇지만 이것만으로는 충분하지 못하다고 생각한다.

첫째, 우리는 "모든 성경은 하나님의 감동으로 된 것으로 교훈과 책망과 바르게 함과 의로 교육하기에 유익하다"는 것을 알고 있다 (딤후 3:16). 그러므로 우리 모두가 필요로 하는 유익을 얻으려면 교회의 회중은 모든 성경을 알아야 한다. 우리가 한 곳에 있는 회중에게 여러 해 동안 읽어준 성경 구절들을 모두 합해도 성경의 일부분에 지나지 않을 것이다. 회중은 그 나머지 성경 구절들을 전혀 듣지 않았거나 혹시 들을 기회가 있다고 해도 설교 도중에 인용되는 한 두 구절을 듣게 되는데, 이러한 성경 구절들은 전체의 맥락을 이해하는 데는 도움이 되지 못하지만 그 나름대로 중요한 구절들이다.

둘째, 교인들은 우리가 해석해 준 성경 본문들을 토대로 하지 않는 한 성경의 의미를 파악할 수 있는 기회를 거의 갖지 못하며, 그 말씀대로 실천할 기회는 더욱 갖지 못하고 있다. 한편 집에서 혼자 성경을 읽는 것도 그 자체로는 훌륭하고 칭찬할 만한 일이지만, 대부분의 사람들은 그것을 통하여 충분한 성과를 거두지 못한다.

그러므로 정해진 교훈들을 다루는 상투적인 설교가 아닌 다른 방법을 통해서 사람들을 성경으로 인도하도록 교회에게 충고할 수 있는지 잘 생각해야 한다.[2] 이것은 우선 성경, 특히 신약성경을 부지런히 읽음으로써 행해질 수 있을 것이다. 가정에서 가장이 비록 그 자신은 매일 읽지 못하더라도 누군가가 읽을 수 있도록 신약성경을 비치해 두는 것은 그리 어려운 일이 아닐 것이다. 다양한 상황에 처해 있는 모든 기독교인들에게 이것이 얼마나 필요하고 유익한 방법인지는 1세기 전 히페리우스(Andrew Hyperius, 1511-1564)[3]가 효과적으로 증명하였다. 이 문제에 대한 그의 두 가지 저서는 즉시 니그리누스(George Nigrinus)[4]에 의해 독일어로 번역되었는데, 그 후 이 작은 책은 완전히 잊혔다가 그리스도 안에서 사랑하는 형제 베옐(Elias Veyel)[5]에 의해 다시 출판되어 사람들의 주목을 끌게 되었다.

개인적으로 성경 읽는 것을 격려하기 위해서 바람직한 두 번째 방법이 있다. 그것은 공중예배 때에 특별한 시간을 정하여 여러 사람이 차례로 성경을 읽는 것이다. 이때에는 특별히 누군가가 간단한

요점을 첨가하기를 원하지 않는 한 아무런 논평도 하지 않는다. 이것은 모든 사람들의 교육을 위한 것이지만 특히 전혀 글을 읽을 줄 모르는 사람들, 그다지 잘 읽지 못하는 사람들, 또한 성경책을 가지고 있지 못한 사람들의 교육을 위한 것이다.

셋째, 고대의 사도적 교회 모임들을 재도입하는 것도 부적당하지는 않을 것이다. 나는 이 점에 대하여 보다 많은 고찰을 하려 한다. 우리의 통상적인 예배 외에도 바울이 고린도전서 14장 26-40절에서 묘사한 방식으로 모임을 가질 수 있다. 한 사람이 일어나 설교하지는 않지만(때로 이런 일이 계속되는 경우도 있다) 은사와 지식을 받은 사람들이 발언하며 제시된 주제에 대한 자신의 경건한 견해를 제시하여 다른 사람들에게 판단하게 할 것이다. (한 마을에 여러 명의 목회자들이 있을 경우) 그 목회자들이 함께 모여서, 또는 하나님에 대한 상당한 지식을 가지고 있거나 이 지식을 증가시키려는 소망을 지닌 몇 명의 회중들로 하여금 목회자의 지도하에 모여서 성경의 어느 부분을 택하여 소리 내어 읽고, 각 절의 단순한 의미를 찾아내기 위해 논의하며 모든 사람들의 교육에 유익한 것이 무엇인지를 토의하게 하는 것도 좋은 방법일 수 있다. 어느 문제에 대해 자신이 가지고 있는 지식에 만족하지 못하는 사람은 자신이 지니고 있는 의심을 발표하여 충분한 설명을 구할 수 있게 해주어야 한다.

반면에 (목회자들을 포함하여) 지식이 많은 사람들은 자신이 성경의 각 본문에 대해 이해하고 있는 바를 설명할 자유를 누릴 수 있어야 한다. 그리하여 제안된 것들이 성경에 있는 성령의 의미와 일치한다면 나머지 사람들, 특히 성직에 임명된 목회자들은 그것들을 신중하게 고려하고 모든 모임의 교육에 적용해야 한다. 모든 일은 하나님께 영광을 돌리고 참석자들의 영적 성장에 기여하고, 그리하여 자신의 한계를 인식하려는 목적으로 계획되어야 한다. 특히 이 모임을 지도하는 설교자들은 간섭, 분쟁, 이기주의, 또는 이와 유사한 종류의 위협이 생기지 않도록 배려해야 하며, 만일 그런 일이 생기면 슬기롭게 제거해야 한다.

이러한 모임을 통하여 큰 유익을 기대할 수 있다. 설교자들은 자신이 지도하는 교회의 교인들, 교리와 경건에 있어서 그들의 약한 점, 또는 성장을 알게 될 것이다. 그리고 설교자와 신자들 사이에 서로의 유익에 이바지하게 될 신뢰라는 유대가 형성될 것이다. 동시에 신자들은 하나님의 말씀에 대하여 부지런함을 발휘하고, (그들이 목회자들과 사사로이 논의할 용기를 내지 못했던) 질문들을 겸손히 질문하여 해답을 얻을 기회를 소유하게 될 것이다. 그리하여 얼마 후에 그들은 개인적으로 성장하게 되고, 가정에서 자녀들이나 하인들에게 보다 훌륭한 종교 교육을 할 수 있게 될 것이다. 이러한 훈련이 없이 계속 설교만 한다면, 그 설교를 충분히 제대로 이해할 수 없다. 왜냐하면 그 중간에 있는 것들을 되새겨볼 시간이 없고 비록 되새겨보려 해도 그 뒤에 이어지는 것들이 많이 빠져 있기 때문이다(이런 일은 토론에서는 발생하지 않는다). 반면에 때때로 성경 구절의 의미와 목적을 지적해 주는 사람이 없이 집에서 개인적으로 성경을 읽는다면, 자신이 알고자 하는 것을 충분히 알 수 없게 된다.

이 두 경우(공중 설교와 개인적인 성경읽기)에 부족한 것을 위에 제시한 모임을 통하여 보충할 수 있을 것이다. 그것은 설교자나 신자들에게 그리 큰 부담이 되지 않을 것이며, 바울이 골로새서 3장 16절에서 말한 바 "그리스도의 말씀이 너희 속에 풍성히 거하여 모든 지혜로 피차 가르치며 권면하고 시와 찬송과 신령한 노래를 부르라"는 권면을 성취하게 될 것이다. 실제로 이러한 모임에서는 하나님을 찬양하고 참석자들을 감동시키기 위해 그러한 노래들을 사용할 수도 있다.

다음과 같은 사실이 분명해진다. 어떤 일을 개혁하는 데 있어서 설교를 들을 뿐만 아니라 성경을 읽고 묵상하고 논의하는(시 1:2) 등 하나님의 말씀을 부지런히 사용하는 것이 가장 중요한 방법이다. 이것은 앞에서 제안한 방법으로 행할 수도 있고, 그 밖의 적당한 방법으로 행할 수도 있다. 하나님의 말씀은 씨앗으로서 모든 선한 것들이 그로부터 자라 나온다. 만일 우리가 신자들로 하여금 기쁨으로 생명의 책을 부지런히 열심히 찾게 하는 데 성공한다면, 그들의 영적 생명은 놀랍도록 튼튼해질 것이며 완전히 다른 사람으로 변화될 것이다.

루터는 사람들에게 부지런히 성경을 읽으라고 권면했다. 그는 심지어 사람들이 성경읽기를 게을리 할까 두려워했기 때문에 자기의 저서들을 출판하도록 허락하는 것까지도 염려하였다. 그는 알텐부르크(Altenburg) 판 저서 제1권에 다음과 같이 저술하였다.

"내가 사람들에게 좋지 못한 본보기를 제공할지도 모른다는 이유에서라면, 나의 모든 책이 잊히고 파괴되어도 기뻐할 것이다. 사람들이 성경을 제쳐놓거나 성경과 아울러 많은 책들을 수집하고, 장서를 소장하며, 특히 아무런 구별도 하지 않고 온갖 종류의 '교부들'과 '박사들'을 뒤섞어 놓기 시작한 것이 교회에 어떤 영향을 끼쳤는지 알기 때문이다. 이로 인해 많은 시간이 낭비되었으며, 성경 연구가 소홀히 여겨졌고, 하나님의 말씀에 대한 순수한 이해를 상실하게 되었다. 성경을 독일어로 번역할 당시 우리의 의도와 소망은 성경에 대한 기록은 적어지고 성경연구와 강독이 증가하게 하려는 것이었다. 왜냐하면 모든 다른 저서들은 성경에 관한 것이어야 하기 때문이다. 교부들이나 공의회, 또는 우리 자신이 최선을 다해 잘한다고 해도 성경, 즉 하나님이 친히 하신 것처럼 할 수는 없다.… 나는 단지 지금 나의 책들을 갖고 싶어 하는 사람들에게 이 책들이 그들의 성경연구에 방해가 되지 않기를 바란다."[6]

루터는 다른 곳에서도 비슷한 내용의 글을 썼다.[7]

"가톨릭교회에서 교황정치를 에워쌌고 신자들을 무식하게 만들어 결과적으로 그들의 양심을 완전히 조절할 수 있게 만들었던 주요한 잘못 중의 하나는 성경을 읽지 못하게 한 것이다. 반면에 종교개혁의 주된 목적 중의 하나는 이제까지 감추어져 온 하나님의 말씀을 신자들에게 회복시켜 주려는 것이다. 이 말씀이야말로 하나님이 자신의 사역을 축복하시는 가장 강력한 수단이다. 교회는 보다 좋은 상태로 발전해야 하므로 이것은 많은 사람들이 성경에 대해 지니고 있는 혐오감을 극복하고, 성경공부를 태만히 하는 것을 저지하고, 성경에 대한 불타는 정열을 일깨우기 위한 중요한 수단이 될 것이다."

2.

앞에서도 자주 언급하였지만, 루터는 첫째 방법과 비견할 수 있는 또 다른 방법을 제안하곤 했다. 이 두 번째 제안은 "영적 제사장직의 확립과 부지런한 실행"이다. 루터의 저술들을 세심하게 읽어보면 이 거룩한 사람이 얼마나 열렬하게 영적 제사장직을 변호하였는지 관찰할 수 있다. 그것에 따르면 주님은 목회자들뿐만 아니라 모든 기독교인들을 제사장으로 삼고 성령으로 기름 부으시며 영적 제사장의 행위들을 수행하도록 하셨다. 베드로가 "그러나 너희는 택하신 족속이요 왕 같은 제사장들이요 거룩한 나라요 그의 소유가 된 백성이니 이는 너희를 어두운 데서 불러내어 그의 기이한 빛에 들어가게 하신 이의 아름다운 덕을 선포하게 하려 하심이라"고 말한 것은 단지 설교자들만을 언급한 것이 아니다.

이에 관한 우리의 개혁자(루터)의 견해가 무엇인지, 그리고 영적인 기능은 무엇인지를 보다 상세하게 읽고 이해하기를 원하는 사람은 루터의 알텐부르크 판 저서[8] 제2권에 실려 있는 논문, 즉 교회의 목회자들이 어떻게 선택되어 임명되는지에 대하여 루터가 보헤미아 사람들에게 설명한 논문을 읽어 보아야 한다. 거기에서 루터는 모든 신자들에게는 모든 영적 직분이 개방되어 있다고 말하였다. 비록 그 직분을 정규적이고 공적으로 수행하는 것은 그 목적을 위해 임명된 목회자에게 맡겨진 일이지만, 긴급한 경우에는 성직자가 아닌 사람들도 이 직분을 수행할 수 있다. 특히 공적 행위들과 관련되지 않은 일들은 모든 사람들이 일상생활에서, 가정에서 끊임없이 행할 수 있다.

가톨릭교회에서는 이 모든 영적 직분들을 성직자들에게만 맡긴다(모든 기독교인들에게 보편적으로 적용되는 "영적"이라는 말이 성직자들에게만 적용된다). 그리고 평신도들이 부지런히 하나님의 말씀을 연구하는 것을 비롯하여 이웃을 교육하고 권면하고 징계하고 위로하는 일, 또는 공적으로 목회에 관한 일을 개인적으로 행하는 것 등을 성직자를 제외한 다른 기독교인들에게서 배제한다. 왜냐하면 그들은 모든 일들이 목회자의 직무에 속한다고 가정하기 때문이다. 그 결과 소위 평신도들은 마땅히 관심을 기울여야 할 일에 태만하게 되고 심각할 정도로 무식하게 되며, 따라서 무질서한 생활을 하게 된다. 반면에 소위 영적 계급이라고 불리는 계층의 사람들은 자신이 하고 싶은 대로 행동할 수 있다. 왜냐하면 아무도 감히 그들의 계획을 살펴보거나 이의를 제기할 수 없기 때문이다.

앞에서 언급했듯이 성경읽기를 금지한 것 및 성직자들의 주제넘은 독점 행위는 가톨릭교회가 불쌍한 신자들에게 그 세력을 뻗치고 기회가 있을 때마다 그것을 보존해 온 중요한 수단이다. 루터가 모든 기독교인들은 영적 직분을 수행하기 위해 부름을 받았으며(이것은 공적으로 그 직분을 행하도록 부름을 받았다는 의미가 아니다) 또 기독교인이 되기를 원하는 사람은 그것들을 수행해야 할 의무가 있다고 지적한 것은 교황제도에 치명적인 해를 입혔다.

기독교인들은 자기 자신 및 자신이 소유하고 있는 것, 기도, 감사, 선행, 구호금 등을 바쳐야 할 뿐 아니라 하나님의 말씀을 부지런히 공부하여 하나님이 주신 은혜에 따라 한 지붕 밑에 사는 사람들을 가르치고 징계하고, 권면하고 개심시키며, 그들의 생활을 살펴보고 위해서 기도하며 그들의 구원에 관심을 기울여야 한다. 만일 이것을 먼저 사람들에게 가르쳐준다면 그들은 자신을 보다 잘 돌보며,

자기 자신 및 동료들의 교훈에 관련된 것에 전념할 것이다.

반면에 이러한 가르침을 알지 못하고 실천하지 않을 때에 자기만족과 게으름이 생겨난다. 사람들은 자신이 특정한 일, 사업, 교역 등을 하도록 부름을 받았지만 목회자들은 그러한 직업에 종사하도록 부름을 받은 것이 아니므로 목회자들만이 신령한 일들을 수행하고, 하나님의 말씀에 전념하고, 기도하고, 연구하고, 가르치고, 권면하고, 징계하는 등의 일을 할 수 있다고 상상한다. 그리고 목회자가 아닌 사람들은 그러한 일들로 인해 걱정해서는 안 되며, 그러한 일에 조금이라도 관계하는 것은 목회자의 일에 참견하는 것이 된다고 생각한다.

물론 이것은 신자들이 목회자들에게 관심을 기울이며, 그들이 어떤 일을 등한히 할 때 사랑으로 권면하며, 전반적으로 그가 애쓰는 모든 일을 돕는 것을 언급한 것이 아니다. 이런 제사장직을 적절하게 사용하면 목회 사역에 전혀 해를 끼치지 않을 것이다. 목회 사역이 이루어야 하는 바를 이루지 못하는 주요한 이유 중의 하나는 만인제사장직의 도움이 없이는 그것이 너무나 약하기 때문이다. 한 사람이 자신의 목회적 돌봄을 받도록 맡겨진 사람들의 교육에 필요한 모든 일을 다 행할 수는 없다. 그러나 만일 제사장들이 자신의 임무를 행한다면, 감독이요 맏형이 되는 목회자가 자신의 임무 및 공적 또는 사적인 일을 행하는 데 큰 도움이 될 수 있을 것이며, 따라서 그의 짐이 그다지 무겁지 않게 될 것이다.

　루터의 시대 이후 그다지 다루지 않았던 이러한 문제를 어떻게 사람들에게 잘 알리고(이 목적을 위해서는 빌리츠[John Vielitz]의 설교가 유익을 줄 것이다)[9] 보다 광범위하게 시행하느냐에 대해 많은 고찰을 해야 한다. 앞에서 성경읽기와 이해를 위한 입문적인 훈련을 위해 제안한 것이 이를 위해 많은 공헌을 할 것이다. 나로서는 만일 어떤 회중 가운데서 이 두 가지 활동(부지런히 성경을 사용하고 제사장의 임무를 시행하는 것)과 아울러 사랑의 권면, 징계(이것은 우리 중에서 거의 사라졌지만 진정으로 실시해야 한다. 그리고 그 결과 고통을 당하게 되는 설교자들을 힘이 닿는 데까지 보호해야 한다) 등을 하려는 사람 몇을 얻는다면 상당한 성과를 얻을 수 있을 것이다. 그 후 점차 보다 큰 성과를 거두게 되어, 결국 교회는 현저히 개혁될 것이다.

3.

이 두 가지 제안에 연관된 세 번째 제안이 있다. 그것은 사람들이 그것들을 마음에 새기고 기독교인의 신앙에 대한 지식을 소유하는 것으로는 충분하지 못하다는 사실을 믿어야 한다는 것이다. 왜냐하면 기독교는 실천하는 종교이기 때문이다. 우리 주님은 제자의 표로서 사랑을 요구하셨다(요 13:34-35, 15:12; 요일 3:10, 18, 4:7-8, 11-13, 21). 제롬[10]이 갈라디아 사람들에게 보낸 편지에서 증언한 바에 따르면, 요한은 노년에 이르렀을 때에 제자들에게 "자녀들아, 서로 사랑하라!"는 말 외에는 거의 다른 말을 하지 않았다고 한다. 이같이 끝없이 반복되는 말에 화가 난 제자들과 추종자들은 마침내 왜 똑같은 말만 되풀이하느냐고 물었다. 요한은 "그것이 주님의 명령이기 때문이다. 그리고 그것을 행하는 것으로 족하기 때문이다"라고 대답했다. 실제로 믿음을 가지고 있고 믿음으로 말미암아 구원을 얻는 사람의 생활은 사랑이며, 또 그가 하나님의 율법을 이루는 것은 바로 사랑에 있다.

그러므로 만일 우리가 신자들의 뜨거운 사랑을 일깨워 줄 수 있다면, 먼저는 서로 사랑하고 그 후에는 모든 사람들을 사랑하도록 일깨울 수 있다면(베드로후서 1장 7절에 따르면 이 두 가지 사랑, 즉 형제간의 사랑과 일반적인 사랑은 서로 보완적인 것이다), 그리고 이 사랑을 실천할 수 있다면 우리가 바라는 모든 것이 이루어질 것이다. 이는 모든 계명이 사랑 안에 요약되어 있기 때문이다(롬 13:10).

그러므로 우리는 사람들에게 끊임없이 이것을 말해 주어야 하며, 그들은 훌륭한 이웃 사랑을 가지고 있어야 한다. 그리고 이기심을 대적하는 데 따르는 위험과 손해가 그들의 눈앞에 생생하게 묘사되더라도(이것은 요한 아른트의 『진정한 기독교』 제4권에 잘 묘사되어 있다)[11] 그 사랑을 실천해야 한다. 그들은 이웃에게 사랑의 봉사를 할 기회를 잃지 말아야 하며, 그것을 수행하는 동안에도 마음을 부지런히 살펴서 자신이 참사랑에서 행동하는지 다른 동기에서 행동하는지 알아보아야 한다. 만일 사람들이 그들을 노하게 하였다면, 그들은 특히 자신의 심령이 자신을 버리고 적대감을 포함하지 않도록 하기 위해서 복수심을 품지 말고 자신의 권리까지도 포기해야 한다. 그들은 그러한 자제심이 복수를 원하는 옛 아담을 억제하기 위해서, 동시에 그들의 심령에 사랑이 깊이 뿌리박도록 하기 위해 원수들에게도 선을 행할 기회를 부지런히 찾아야 한다.

하나님의 길을 걷기로 결심한 사람들이 이러한 목적을 이루고 전반적인 기독교의 성장을 이루기 위해서는 자신의 고해신부나 그밖에 다른 현명한 기독교인들과 친밀한 관계를 가지면서 정규적으로 그에게 자신의 생활 방법, 기독교적 사랑을 실천할 기회가 있었을 때에 그 기회를 포착했는지 등한히 했는지를 보고하는 것이 유익할 것이다. 이것은 지금 무엇을 행해야 하는가에 대한 개인적인 권고와 교육이 잘못되었는지 안전한 것인지를 발견하려는 목적으로 행해져야 하며, 하나님의 뜻에 분명히 위배된다고 생각되지 않는 한 그러한 충고를 따르기로 결심해야 한다. 만일 이웃에 대한 사랑 때문에 어느 일을 해야 할지 하지 말아야 할지 의심될 때에는 행하지 않는 것보다는 행하는 편이 더 좋을 것이다.

4.

이와 관련된 네 번째 제안은 다음과 같다. 우리는 불신자들이나 이단자들과의 종교적 논쟁에서 어떻게 행동해야 하는지를 알아야 한다. 먼저 진리 안에서 우리 자신과 친구들과 동료 신자들을 튼튼히 하기 위해 애쓰며, 또 유혹으로부터 그들을 보호하기 위해 조심해야 한다. 그런 후에 잘못을 범하고 있는 사람들을 향한 우리의 의무를 기억해야 한다.

우리는 하나님이 잘못을 범하고 있는 사람들에게도 우리에게 주신 것과 동일한 빛을 비추어 주셔서 그들을 진리로 인도하시며, 그들의 마음이 진리를 받아들이고 오류를 대적하며 마치 불 속에서 꺼낸 나뭇가지[12]처럼 구원을 얻기 위해서 그들이 이제까지 버렸던 그리스도 안에서의 구원에 대한 참된 지식을 강화해 주시기를 기도해야 한다. 이것이 주기도문의 서두에 등장하는 세 가지 간구, 즉 "하나님의 이름이 거룩히 여김을 받으시며 나라이 임하옵시며 그의 영광스러운 뜻이 이루어지이다"라는 간구의 의미이다.

둘째, 우리는 그들에게 선한 본을 보여 주고, 그들을 성나게 하지 않도록 노력해야 한다. 만일 그렇지 않으면 그들에게 나쁜 인상을 주어, 그로 인해 그들의 회심이 더욱 어렵게 되기 때문이다.

셋째, 만일 하나님이 이를 위해 필요한 은사를 우리에게 주셨으며, 죄를 범하고 있는 사람을 설득할 수 있는 기회를 발견한다면 우리는 기꺼이 지적할 수 있는 바를 행하고 겸손하고 확고하게 진리를 제시함으로써 이것이 어떻게 그리스도의 단순한 교훈에 기초를 두고 있는지를 고백할 수 있다. 동시에 그들의 범죄가 하나님의 말씀에 얼마나 어긋나는지, 그리고 어떠한 위험을 수반하는지를 관대하면서도 강력하게 지적해야 한다.

이 모든 일은 우리가 교제하는 사람들 스스로가 모든 것이 자기들을 향한 진심에서 우러난 사랑에서 육체적이고 꼴사나운 감정이 없이 행해졌다는 것, 그리고 만일 우리가 과도하게 격정에 빠진다고 해도 그것은 하나님의 영광을 위한 순수한 열정에서 발생하는 것임을 알 수 있는 방법으로 행해져야 한다. 특히 우리가 세우려 하는 선을 당장에 파괴하게 될 비난과 비방을 조심해야 한다. 만일 우리가 이런 방식으로 시작하여 무엇을 이루었음을 알게 된 후에 다른 사람의 도움을 받으면 이미 시작된 일을 더 발전시킬 수 있을 것이다. 반면에 비록 지금은 사람들이 우리가 말해 준 것을 이해하지 못하지만 그들 안에 기쁘게 하나님을 섬길 수 있는 성품이 있다는 것과 그들이 편견에 사로잡혀 있다는 것을 알게 되면, 그들에게 우리에게서 들은 진리를 비방하거나 중상하지 말고 하나님을 경외하며, 간절한 기도로 그 문제를 더욱 깊이 생각하고, 동시에 진리 안에서 앞으로 나아가기 위해 애쓰고, 스스로 기독교인이라고 하는 사람들이 어느 정도 공통적으로 지니고 있는 실질적인 행동의 원리들과 규칙들에 따라 하나님을 섬기라고 권면해야 한다.

넷째, 여기에 불신자들과 이단자들을 향한 진심에서 우러난 사랑의 실천이 추가되어야 한다. 우리가 그들의 불신앙이나 거짓 신앙, 그리고 이러한 신앙을 실천하고 보급하는 것을 즐거워하지 않음을 나타내야 하는 한편, 인간사에 관한 다른 일에 있어서는 그들을 이웃으로 생각하고(누가복음 10장 29-37절에서 그리스도께서 사마리아인들을 유대인의 이웃이라고 표현하신 것처럼), 모든 사람들에게 미치는 하나님의 사랑과 창조의 원리에 따라 그들을 형제로 여기고(중생에 의한 것이 아니다), "이웃을 네 자신같이 사랑하라"[13]고 하신 명령과 같이 우리의 마음이 그들을 향하고 있음을 증명해야 한다. 종교 때문에 이단자들이나 불신자들을 모욕하고 부당한 행위를 하는 것은 육체적인 정욕인 동시에 회심을 방해하려는 정욕이기도 하다. 거짓 종교에 대한 올바른 증오심은 결코 다른 사람들에게 발휘해야 하는 사랑을 지연시키거나 약화시키지 않는다.

다섯째, 만일 기독교 대부분의 신앙고백들이 연합될 수 있다는 전망이 조금이라도 있다면, 하나님이 축복하실 으뜸 되는 성취 방법은 모든 일을 논쟁에 의존하지 않는 것일 것이다. 왜냐하면 영적인 열심은 물론 육적인 열심으로 가득 찬 인간들의 심령 상태는 논쟁을 무익하게 만들기 때문이다. 진리의 옹호 및 그 일부분이 되는 논쟁은 그것을 증진시키기 위해 제정된 다른 일들과 함께 교회 내에서 계속되어야 한다. 우리 앞에는 그리스도와 사도들 및 그 후계자들의 거룩한 본보기들이 놓여 있는데 그들은 논쟁에 관여했었다. 즉 그들은 잘못된 일을 배격하고 진리를 옹호했다. 만일 거짓 교훈에 대항하여 하나님의 말씀을 사용해야 할 필요성을 제거하고 포기하려는 사람이 있다면, 기독교는 큰 위험에 빠질 것이다. 나는 아른트가 『진정한 기독교』에서 다음과 같이 훌륭히 말한 것을 굳게 믿고 있다.

"교리와 하나님 말씀의 순수성은 논쟁이나 많은 책을 저술함으로써만이 아니라 진정한 회개와 거룩한 생활에 의해 유지된다."[14]

그 앞의 2장도 역시 다음과 같은 통찰과 관련되어 있다.

"믿음과 거룩함과 계속적인 회개 안에서 그리스도를 따르지 않는 자는 결코 심령의 어둠에서 구원되지 못한 채 영원한 어둠 속에 거할 것이며, 또 그리스도에 대한 참지식을 소유하거나 그와 교제할 수도 없다."[15]

"비기독교적인 생활은 거짓 교리, 완악한 마음, 무분별로 이어진다."[16]

그러므로 나는 모든 논쟁이 유익하고 선한 것은 아니라고 생각한다. 거룩한 루터가 말한 것은 이따금 그 효력을 발휘한다.

"진리는 가르침에 의해서 상실되는 것이 아니라 논쟁 때문에 상실된다. 왜냐하면 논쟁은 인간의 영혼을 더럽히는 악을 초래하며, 언쟁에 휩싸인 사람들은 가장 중요한 것을 등한히 하기 때문이다."[17]

논쟁하는 사람들은 성령과 믿음이 없는 사람들이며, 성경에서 끌어낸 세속적 지혜가 가득한 사람들이며, 하나님의 가르침을 받지 않는 사람들인 경우가 많다!(성령의 빛의 조명 없이 우리 자신의 본성적 능력과 인간적인 노력에 의해 성경에서 채택한 지식은 육적인 지혜이다. 그렇지 않다면 우리는 이성이 거룩한 지혜를 행할 수 있다고 말해야 할 것이다). 이러한 논쟁자에게서 무엇을 기대할 수 있을까? 그런 사람은 거룩하지 못한 불,[18] 즉 하나님의 영광이 아닌 인간의 영광을 향하는 거룩하지 못한 의지를 얼마나 자주 하나님의 성소에 가져갈 것인가? 그러나 하나님은 그러한 제물을 기뻐하지 않으신다. 그런 제물은 하나님의 저주를 불러일으킬 뿐이며, 그러한 논쟁을 통해 아무 유익을 얻을 수 없다.

그러한 논쟁의 원리들은 흔히 진리를 탐구하고 발견하는 것이 아니라 도리어 한때 제안했던 것을 고집스럽게 다짐하려는 것, 예리한 지성과 슬기로움으로 유명해지는 것, 어떻게 해서든지 상대방을 정복하려는 것 등이다. 이런 논쟁에서 상대방은 응답하지 못하는지도 모르지만 이 때문에 매우 불쾌하게 여기게 되며, 적대적인 태도와, 육체적인 감정, 모욕 등 자연인에게서 발견되는 모든 것들이 원하는 회심을 방해하게 된다. 우리가 지금까지 계속되고 있는 논쟁들을 제대로 관찰해 본다면, 이것도 저것도 모두 잘못되었음을 발견할 것이다. 이 때문에 우리가 기대하는 모든 것이 이 방법에 의해 이루어지지 못한다고 생각해도 좋을 것이다. 실제로 논쟁은 혐오스러운 것이 되었으므로 이에 대한 부적당한 혐오감이 발전되었으며, 이것의 남용에 따른 잘못들을 논의하게 되었다.

논쟁이라고 해서 모두 훌륭하고 유익한 것이 아닌 것처럼, 적절한 논쟁만이 진리를 주장하는 유일한 수단은 아니다. 다른 수단들도 필요하다. 비록 모든 것이 준비된 경우에 한해서만 토론하기로 결심하며, 그것을 논쟁의 유일하고 완전한 목적으로 삼아도(즉 인간의 이성으로 하여금 참된 가르침의 교리는 하나님 말씀과 일치하며 거짓된 견해들은 그렇지 못함을 인식하도록 하기 위해서 참된 교훈을 옹호하고 거짓 견해들을 배격하는 것을 목표로 삼아도) 하나님은 축복을 더하시지도 않을 것이며, 또 진리로 하여금 항상 승리하게 하시지도 않을 것이다. 사람들을 루터파의 사람으로 만드는 것 외에 다른 일은 생각하지 않으며 이 신앙고백으로 철저하게 참된 기독교인이 되는 것을 그다지 중요하게 여기지 않는 사람들이 여기에 해당된다. 그런 사람들은 참된 신앙고백을 열심히 하나님을 섬기는 생활의 시작이라고 여기지 않고 단지 교회에서 파벌을 강화하기 위한 수단으로 여긴다.

논쟁을 통하여 하나님의 영광을 적절하게 개진하려면, 논쟁이 상대방을 회심시키고 하나님께 드려야 하는 감사와 거룩한 순종을 위해 변호되어 온 진리를 적용하려는 목표를 향해 나아가야 한다. 그처럼 이성에 대한 지나친 의존(convictio intellectus)은 신앙과는 다른 것이다. 신앙은 그 이상의 것을 필요로 한다. 악한 사람들을 회심시키기 위해 필요한 것들을 추가하고, 자신에게 장애물이 되는 것을 제거하려는 의지가 있어야 한다.

가장 중요한 것은 하나님의 영광을 나타내는 데 있어서 진리라고 생각하는 것을 우리 자신과 모든 사람들에게 적용하고, 그것에 비추어 하나님을 섬기려는 갈망이다. 다음과 같은 그리스도의 거룩한 말씀이 바로 이에 관한 것이다: "사람이 하나님의 뜻을 행하려 하면 이 교훈이 하나님께로부터 왔는지 내가 스스로 말함인지 알리라"(요 7:17). 여기에서 주님은 우리 마음에 하나님 아버지의 뜻을 행하려는 의지가 없는 한 자신의 교훈이 거룩한 진리라고 확신할 수 없으며, 따라서 그것은 단순한 지식의 문제가 아니라는 것을 말씀하신다.

"너희가 내 말에 거하면 참으로 내 제자가 되고 진리를 알지니 진리가 너희를 자유롭게 하리라"(요 8:31-32).

"나의 계명을 지키는 자라야 나를 사랑하는 자니 나를 사랑하는 자는 내 아버지께 사랑을 받을 것이요 나도 그를 사랑하여 그에게 나를 나타내리라"(요 14:21).

이 말씀으로 판단하건대 진리를 옹호하며 잘못을 범하고 있는 사람들에게 그것을 전해 주기 위해서는 논쟁만으로는 부족하다. 거룩한 하나님의 사랑이 필요하다. 만일 우리 복음주의자들이 열렬한 사랑으로 진리의 열매를 하나님께 바치는 것을 중요하게 여긴다면,

우리를 부르신 일에 합당한 방법으로 행동하고 위에서 언급하였던 임무들을 시행함으로써 이것을 이단자들을 포함한 모든 이웃에게 순수하고 인식할 수 있는 사랑으로 나타내야 한다. 비록 지금은 잘못을 범하고 있는 사람들이 우리가 증언하는 진리를 이해하지는 못해도, 하나님과 동료들에 대한 사랑 안에서 그들이 알고 있는 기독교 교훈에 대한 지식의 한도 내에서 하나님을 섬기려고 노력할 것이다. 그리하면 하나님은 우리로 하여금 진리의 지식 안에서 더욱 성장하게 해주시며, 지금은 잘못을 범하고 있기 때문에 우리를 슬프게 하는 사람들도 우리와 동일한 믿음 안에 있음을 보는 즐거움을 주실 것이다. 이는 하나님의 말씀을 선포하는 사람들이나 그 말씀을 듣는 사람들이 방해하지 않는다면, 하나님의 말씀은 인간의 마음을 회심시키는 능력이시기 때문이다. 베드로가 가르친 것처럼 거룩한 생활은 그 자체가 다른 사람들의 회심에 기여한다(벧전 3:1-2).

5.
교회의 개혁에 관련된 이 모든 일에 있어서 목회자들에게는 막중

한 책임이 있다. 이에 비례하여 그들의 결점은 그만큼 큰 피해를 주기 때문에, 목회의 직무는 무엇보다도 참된 기독교인으로서 사람들을 하나님의 길로 인도하기 위한 영적 지혜를 가지고 있는 사람들이 맡아야 한다. 그러므로 목회에 합당한 사람들만 부르심을 받으며, 모든 부르심의 과정을 통하여 오직 하나님의 영광만을 고려하는 것이 교회의 개혁에 필요하다. 이것은 친절, 우정, 선물 등을 포함하는 모든 육체적인 계획 및 그와 유사한 꼴사나운 일들을 버려야 함을 의미한다. 교회 안에 결점들이 존재하게 된 원인 중에는 목회자들을 임명하는 데서 비롯된 것들도 많지만, 여기에서는 그것들을 자세히 고찰하지 않으려 한다.

그러나 목회자로 부름을 받아 임명되는 사람은 유익한 사람이어야 하며, 학교나 대학에서 교육을 받아야 한다. 신학교 교수들이 거기에 필요한 모든 것을 부지런히 관찰하는 것을 하나님이 허락해 주시기를 바란다. 그리고 학부의 학생들 사이에 유행하고 있으며 거룩한 메이파르트(John Matthew Meyfart)[19]는 물론 그보다 먼저 있었거나 그 이후의 많은 경건한 사람들이 개탄하였던 비기독교적인 학구 생활이 크게 규제되고 개선되도록 도와주기를 바란다. 그렇게 되면 학교는 학생들의 외면적 생활로 판단할 때에 세속적이며 또한 방탕하고 떠들썩하고 요란하고 야심적인 악마의 장소가 아니라 성령의 작업장으로 인정되며, 모든 계층의 사람들을 위한 교회의 양육실로 인정될 것이다.

또 교수들은 마치 세상에 대하여는 죽은 사람들처럼 행동하며, 자신의 영광이나 유익 또는 기쁨이 아닌 하나님의 영광 및 맡겨진 자들의 구원을 구하며, 모든 학문과 저서의 집필, 강의, 토론 등 모든 활동을 이 목적에 적용한다면, 그들의 모범에 의해 무척 많은 성과를 거둘 수 있을 것이다(실제로 교수들이 없이는 진정한 개혁을 거의 바랄 수 없다). 그렇게 되면 학생들은 살아 있는 본보기를 갖게 되므로, 그것에 따라 자신의 생활을 통제할 수 있을 것이다. 인간에게 본보기를 보여 주는 것은 가르침만큼이나 효과적이며, 때로는 더 효과적이다. 나지안주스의 그레고리(Gregory Nazianzen)는 바실(Basil)을 찬양하면서 "바실의 생활은 번개 같고 웅변은 천둥과 같았다"(*oratio Basilii erat tonitru, quia uitaejus fulgur*)[20]라고 말했다.

그러므로 교수들은 이익을 얻으려고 잘못을 범해서는 안 되고 학생들과 함께 식사하면서 좋은 훈련을 베풀어야 하며, 식사 중에는 교훈적인 담화를 이어나가야 한다. 성경 본문이나 찬송가, 그와 유사한 기록들을 악한 의도로 사용하여 왜곡하는 담화는 참거나 관용하지 말고 피하고 반박해야 한다(이것으로 인해 우리는 상상하는 것보다 더 큰 피해를 입는다. 왜냐하면 간혹 경건한 사람들이 그런 말을 듣게 되면 자신의 남은 생애 동안 헌신하는 데 방해를 받기 때문이다).

학생들은 거룩한 생활이 근면과 학문 못지않게 중요하며 경건이 없는 학문은 가치가 없다는 것을 염두에 두어야 한다. "우리 종교의 실체는 말에 있지 않고 행위에 있다"[21)]는 저스틴의 말을 염두에 두어야 한다. 저스틴은 "하나님의 나라는 말에 있지 아니하고 오직 능력에 있음이라"(고전 4:20)는 사도 바울의 말에서 이것을 깨달았다. 학생들은 생활하면서 다음과 같은 규칙을 기억해야 한다: 학식에 있어서는 성장하지만 도덕적으로는 쇠퇴해 가는 사람은 발전하는 사람이 아니라 후퇴하는 사람이다(*Qui proficit in literis E deficit in moribus, plus deficit quam proficit*). 이것은 영성생활에 알맞은 말이다. 왜냐하면 신학은 실천적인 학문[22)]이므로 모든 것이 신앙의 실천과 생활을 지향해야 하기 때문이다. 그리스도 안에서 나의 사랑하는 아버지이며, 특히 스트라스부르크에서 훌륭히 교회를 섬긴 슈미트(John Schmidt) 박사는 자신의 저서 *Libellus Repudii* 2에서 다음과 같이 선언하였다.

"이것은 크고 무서운 우상이다. 고등학교와 대학교에 다니는 학생들이 아무리 부지런해도 표적을 잃게 된다. 그렇기 때문에 하나님을 영화롭게 하는 것, 좀 더 분명히 표현하자면 참되고 더럽혀지지 않은 기독교, 열렬한 경건의 연습, 그리고 기독교의 덕을 학생들의 마음에 보다 잘 심고 양육하고 가르치는 것이 표적이 되어야 한다."[23]

슈미트 박사의 다른 글도 읽을 가치가 있다. 그는 우리 학교들의 상태를 혐오스러운 것이라고 표현했다.[24]

나의 후원자인 칼로비우스(Abraham Calovius)는 참된 교리를 옹호하려는 특별한 목적으로 출판한 책들 때문에 유명한 신학자이다. 그는 『신학사전』(Paedia theologica 1.2)에서 신학생들이 경건 생활에 전념해야 하는 이유를 간단하게 요약하였다. 그가 저술한 내용은 다음과 같다.

"첫째, 바울이 디모데에게 그렇게 가르쳤기 때문이다(딤후 2:24; 딤전 1:18, 3:2, 4:7, 12; 딛 2:7-8). 둘째, 참되고 유일한 교사이신 성령은 죄에 속한 심령 안에는 거하시지 않을 것이기 때문이다(요 6:12; 요일 2:27). 세상은 진리의 영을 받을 수 없다(요 14:17). 셋째, 신학생들은 세속적인 지혜가 아닌 영적이고 거룩한 하나님의 지혜를 다루어야 하며(약 3:15), 하나님을 경외함으로 시작해야 한다(시 111:10; 잠 1:7, 9:10). 넷째, 신학은 단순한 지식이 아니라 심령으로 느끼고 실천하는 것이다. 이것은 앞에서 인용한 저스틴 마터(Justin Martyr)의 이야기와 같다. 다섯째, 옛 사람들은 말을 행위로 나타내는 사람이 복이 있다고 하였으며, 그리스도께서는 "너희가 이것을 알고 행하면 복이 있으리라"(요 13:17)고 말씀하셨다. 따라서 그리스도의 제자들은 성경을 실천하며 자신이 아는 바를 행하기 위해 성경을 연구해야 한다. 여섯째, 지혜는 간악한 마음속에 들지 않으며 죄로 물든 몸 안에 머무르지 않는다(지혜서 1:4). 그러므로 죄에 물든 사람은 성령의 거처가 될 수 없다. 이것은 레위인들이 성막에 들어가기 전에 손을 씻은 것과도 같다(출 30:18-21; 왕상 7:23-26; 대하 4:2-6). 그러므로 여호와의 집에 들어가기를 원하는 사람들은 생활을 깨끗하고 거룩하게 해야 한다."[25]

이러한 내용이 방방곡곡에 있는 모든 강의실 안팎에 잘 알려지고,

모든 연구실 학생들의 눈앞에 보존되며, 그들의 마음속에 새겨지기를 기원한다! 그렇게 되면 우리 교회는 달라질 것이다. 이 점에 대하여 나는 경건한 신학자 게르하르트(John Gerhard)의 복음서 대관서(對觀書) 제176장을 인용하지 않을 수 없다.

"그리스도에 대한 사랑이 부족한 사람들과 경건의 연습을 게을리 하는 사람들은 그리스도에 대한 충만한 지식과 풍성한 성령의 은사를 얻지 못한다. 그러므로 영적인 일에 대해 참되고 살아 있으며 활동적이며 유익한 지식을 얻기 위해서는 성경을 읽고 검토하는 것만으로는 부족하다. 그리스도의 사랑이 추가되어야 한다. 즉 양심을 거스르는 죄를 조심해야 한다. 이것 때문에 성령을 훼방하는 장애물이 일어난다. 그리고 열심히 경건을 배양하는 것이 필요하다."[26]

신학생들은 다음과 같은 기초를 닦아야 한다. 즉 학문 연구의 초기에 자신이 세상에 대하여 죽으며 양떼에게 본보기가 되는 사람으로서 살아야 한다는 것을 인식해야 한다. 이것은 단순한 장신구가 아닌 대단히 필요한 일로서, 이것이 없는 사람은 거룩한 일을 다루는 철학이라고 칭할 수 있는 학문을 연구하는 학생은 될 수 있을지 모르나 성령의 빛 속에서 교육을 받고 보존되는 신학생은 될 수 없다.

사람들은 신학생들이 점잖은 생활을 하는 것이 좋을 것이라고 생각한다. 그러나 신학생들이 부지런히 공부하여 학식 있는 사람이 되기만 한다면, 그동안 세상적인 정신에 지배되거나 다른 학생들과 함께 세상의 쾌락에 참여하는 것이 그다지 치명적인 일은 아니라고 주장한다. 왜냐하면 그가 목회자가 될 때까지는 생활 태도를 바꿀 충분한 시간이 있다고 여기기 때문이다. 그들은 마치 이것이 우리 자신의 능력 안에 있는 것처럼, 그리고 세상에 대한 깊은 사랑이 일생 동안 그들에게 들러붙고 나쁜 평판을 주어 결국 목회 사역에 해를 끼치지 않을 것처럼 생각한다.

교수들이 자신에게 맡겨진 학생들의 학문뿐만 아니라 생활에도 관심을 기울이며, 때때로 대화를 필요로 하는 학생들과 이야기를 나누는 것은 특히 도움이 될 것이다. 교수들은 학문에 있어서 탁월하지만 또한 방탕한 생활, 술 취함, 허풍, 그리고 학문과 다른 장점들을 자랑하는 데 있어서도 뛰어난 사람들(간단히 말해서 그리스도를 본받아 살지 않고 세상을 따라 사는 사람들)을 다룰 때에, 그들의 그러한 행동 때문에 교사들이 경멸하고 있으며, 그들의 탁월한 재능과 훌류한 학업 성적 자체는 도움을 주지 못하며, 또 그들이 자신이 받은 은사에 비례하여 해를 끼칠 인물로 간주된다는 것을 깨우쳐 주어야 한다.

한편 비록 학문에 있어서는 다른 사람보다 떨어지지만 경건한 생활을 하는 학생들에게, 교수들은 그들이 무척 사랑스럽다는 것, 그리고 자신이 다른 사람들보다 그들을 더 좋아한다는 것을 솔직하고 명백하게 나타내 주어야 한다. 이러한 학생들이야말로 우선적으로 진급해야 할 학생들이다. 그렇지 못한 학생들은 생활태도를 완전히 고치지 않는 한 진급할 희망을 갖지 못하게 해야 한다. 공평하게 말해서 이것은 정당한 방법이다. 대단히 영리하고 학위를 두 가지나 가지고 있지만 하나님께서 기억하시지 않는 헛되고 세속적인 바보들보다는 비록 그다지 많은 은사를 받지 못하여 학업 성취나 재능 면에서는 부족하지만 하나님을 크게 사랑하는 청년이 하나님의 교회를 위해 유익하다. 후자의 사역은 복된 것이며, 성령의 도움을 받아 이루어진다. 전자는 단지 세속적인 지식만 가지고 있는데, 그것으로 유익을 주기보다는 해를 끼친다.

대학에서 발행한 증명서, 곧 학생들의 근면함과 재능은 물론 경건에 관한 증명서를 제출하라고 요구하는 것도 그다지 나쁜 일은 아닐 것이다. 물론 그런 증명서는 자세히 심사한 후에 자격이 있는 사람들에게만 발행되어야 한다. 이러한 조처는 대부분의 신학생들로 하여금 그들이 지금은 거의 생각하지 않고 있는 것들이 실제로는 매우 필요한 것들임을 깨닫게 해줄 것이다.

또 교수들이 학생들의 출신지, 지적인 능력, 전문적인 목표 등을 고려하여 그들에게 어떤 학문이 가장 필요한지를 관찰하는 것도 도움이 될 것이다. 어떤 학생은 논증법을 연구해야 한다. 왜냐하면 교회에는 진리를 위하여 원수들과 논쟁할 수 있는 사람이 필요하기 때문이다. 골리앗 같은 사람들이 이스라엘 군대를 조롱하도록 내버려두지 말고 다윗 같은 사람들 몇이 앞으로 나아가 담대하게 골리앗[27]을 대적하게 해야 한다. 기회가 주어진다면 신학자 훈니우스(Nicholas Hunnius)가 『자문』(Consultatio)[28]이라는 책에서 제시한 제안대로 실시하는 것이 도움이 될 것이다. 그 외의 학생들은 논증법을 주요 연구 과제로 채택할 필요가 없다. 그러나 필요할 때에는 대적들의 입을 막고 회중을 오류로부터 보호할 수 있는 능력을 갖추어야 한다. 특히 유대인 거주 지역 출신의 학생들은 그 지역의 유대인들을 다스리기 위한 논쟁을 배워야 한다.

그러나 일반적으로 학교에서의 토론은 독일어[29]로 진행하여 학생들로 하여금 이 목적에 적당한 용어 사용법을 배우게 해주는 것이 바람직한데, 일부 훌륭한 신학자들도 간혹 이러한 희망을 표명한다. 이는 독일어로 논쟁해 본 적이 없는 사람이 목회하면서 강단에서 독일어로 논쟁에 대한 것을 언급하는 것은 어려운 일이기 때문이다. 논증법을 철저히 공부해야 하는 학생들이 있는 반면에, 교리를 잘 이해하고 잘못을 범하지 않도록 하기 위해 필요한 만큼만 반대되는 교리를 알며, 자신의 설교를 듣는 신자에게 진리와 비진리를 보여줄 능력만 배양하면 충분한 학생들도 있다. 그런 사람들이 어려운 문제에 직면할 때에는 다른 사람들의 도움과 조언을 이용할 수 있을 것이다.

초급생들은 자신을 충실하게 인도하여 줄 사람이 없으면 이 문제에 있어서 무엇이 필요하고 무엇이 필요치 않은지 거의 알지 못한다. 샤이블러(Christopher Scheibler) 박사는 앞에서도 언급되었던 실천신학 지침서에서 다음과 같이 불평하였다.

"만일 청년이 공부하는 동안 논쟁적인 일에만 몰두한다면 두 가지 중 하나가 그 결과로 나타날 것이다. 즉 일상생활의 경험에서 증명되는 바와 같이 그는 논증법에 있어서 아무리

박학해도 서투른 설교자가 될 것이다. 아니면 신학 연구를 처음부터 다른 방법으로 다시 시작해야 할 것이다."[30]

어쨌든 논쟁이 지나치지 않도록 주의를 기울여야 한다. 불필요한 토론은 되도록 줄이고, 신학을 사도적 단순성으로 회복시켜야 한다. 교수들이 자신의 연구와 저술 활동을 알맞게 규제하고, 과도한 지적 호기심을 부지런히 중화시키며, 그것에 대한 반감을 거듭 나타낸다면 대단히 도움이 될 것이다.

『독일신학』(Theologia Germanica)[31]이나 타울러(Tauler)의 저서[32] 등 소책자를 학생들에게 추천하는 것도 유익할 것이다. 루터에게 성경 다음으로 영향을 준 것이 이러한 책들이다. 루터는 스팔라틴(Spalatin)에게 보내는 서신에서 "하나님의 사람"(이것은 루터가 타울러를 부를 때 사용한 명칭이다)에 대하여 기록하면서 다음과 같이 충고하였다.

"만일 당신이 과거의 순수한 신학을 독일어로 읽기 원한다면 도미니크 수도회의 형제인 요한 타울러(John Tauler)의 설교들을 택할 수 있습니다. 나는 순수하고 완전한 신학이나 복음과 이보다 일치하는 신학을 라틴어로 쓴 책이나 독일어로 쓴 책 어디에서도 발견하지 못했습니다."[33]

루터는 또 이렇게 기록했다.

"다시 한 번 간절히 권합니다. 이번에는 나를 믿고 나를 따라 타울러의 책을 구입하십시오. 그 책을 쉽게 구입할 수 있을 것입니다. 당신은 그 책에서 헬라어나 라틴어나 히브리어로 기록된 책들과 비교할 때에 마치 철이나 흙과 같이 순수하고 온전한 교리를 솜씨 있게 제시한 것을 발견할 것입니다."[34]

또 다른 곳에서 루터는 이렇게 말했다.

"나는 모든 대학교에 있는 스콜라주의 서적에서 발견했거나 발견하리라고 생각되는 것보다 더 많은 순수한 영적 가르침을 이 안에서 발견하였습니다."[35]

루터는 보다 후일에 저술되었으나 타울러의 저서로 여겼으며 프랑크푸르트에서 저술되었으므로 이 도시의 큰 명예가 된다고 생각되는 『독일신학』에 관하여 이러한 견해를 표명했다.

"나의 옛 어리석음을 자랑하건대,[36] 성경과 어거스틴 다음으로 이 책만큼 하나님과 그리스도, 그리고 인간과 만물에 대해 알도록 나의 주의를 환기시켜 준 것이 없었다."[37]

이런 까닭에 루터는 이 작은 책을 다시 출판했고 기독교 교육을 위하여 아른트의 머리말을 첨가했다. 루터가 타울러를 가끔 인용하였으며 『진정한 기독교』[38]에서 그를 극찬하였다고 언급하는 것은 그를 비평하기 위해서가 아니라 찬양하기 위해서이다.

토마스 아 켐피스(Thomas a Kempis)의 저서 『그리스도를 본받아』(Immitation of Christ)도 이 두 권의 책과 나란히 위치할 수 있다. 이 책은 몇 년 전에 내가 특별히 존경하는 올레아리우스(John Olearius)[39]가 쓴 안내서가 추가되어 다시 출판되었다. 올레아리우스는 자신의 저서에서 경건의 연습을 장려하였다. 고대 저서들 중에서 익명의 저자가 쓴 *Religionis Christianae deformtionis a pristino decore E desolationis causae quae, E quo pacto*

*Christianus quisque possit ad sui conditoris reformari imaginem E amicitiam*이라는 제목의 경건한 글을 언급하고 싶다. 이것은 시리아인 에브라임(Ephraem the Syrian)[40]의 저서에 첨가된 것이다. 그밖에도 이와 유사한 고대인들의 저서들이 많다.

물론 그 시대의 어둠이 내포되어 있는 이러한 소책자들이 너무 쉽게 존경을 받을 염려도 있다. 그러나 현명한 독자라면 그 책들로 인해 잘못되지는 않을 것이다. 어쨌든 그 책들을 제대로 이용하면 학생들은 훨씬 많은 유익을 얻을 수 있을 것이다. 또 무익한 궤변으로 가득 차 있거나 옛 아담의 자만을 위해 쉽게 소화되는 잡동사니를 많이 제공하는 저서들보다는 참 경건에 대한 훌륭한 미각을 그들에게 부여할 것이다. 다행히도 많은 학생들은 그러한 책을 읽음으로써 다음과 같은 차이트레우스(Chytraeus)의 갈망을 성취시켜 줄 것이다.

"우리는 미묘하고 현학적인 논쟁이 아니라 이웃과 하나님에 대한 사랑, 경건한 믿음, 거룩한 생활에 의해 자신이 기독교인이며 신학자들임을 나타낸다."[41]

신학은 단순히 지식으로 이루어지는 것이 아닌 실질적인 학문이기 때문에 연구만으로는 충분하지 못하며, 지식을 축적하고 전하는 것만으로도 충분하지 못하다. 그러므로 학생들이 덕을 세우고 실천하는 일들을 경험하고 익숙해질 수 있는 온갖 종류의 훈련 활동을 제정하는 데 관심을 기울여야 한다. 만일 강의할 때에 그러한 자료들을 진지하게 취급한다면, 특히 우리가 주님과 사도들로부터 얻은 행위의 규칙들이 학생들에게 감명을 준다면 그것은 바람직한 일일 것이다. 또 학생들이 경건하게 묵상하는 방법, 자기 성찰을 통해 자신을 보다 잘 아는 방법, 욕망을 억제하고 세상에 대해 죽는 방법(어거스틴의 Doctrina Christiana 제7장의 규칙에 의하면 "인간은 이 세상에 대해 죽는 만큼 볼 수 있으며, 이 세상에 대해 살아 있는 한 보지 못한다."),[42] 선이 자라는 것 및 그것이 부족한 곳을 관찰하는 방법, 남에게 행하라고 가르친 대로 스스로 행하는 방법 등에 대한 구체적인 의견을 얻게 되는 것도 바람직하다. 이것을 학문 활동만으로는 이룰 수 없다. 루터는 다음과 같은 견해를 표명했다(Jena ed., II, 57).

"인간은 이해하고 독서하고 사색함으로써 신학자가 되는 것이 아니라, 살아가고 죽고 저주를 받음으로써 신학자가 된

다."⁴³⁾

 이러한 연습 활동들을 도입하는 방법에 관한 문제는 지각 있고 경건한 교수들의 판단에 맡겨야 한다. 처음에는 많은 학생들과 함께 훈련을 시작하지 말고 한 사람의 경건한 신학자가 의로운 기독교인이 되려는 갈망이 있다고 생각되는 몇 명의 신자들과 함께 연습하는 것이 유익할 것이다. 그는 신약성경을 택하여 이 소수의 신자들과 함께 학문적인 것은 무시하고 오직 교육에 유익한 것에만 주의를 기울이는 방법으로 진행해야 한다. 학생들이 각 절에 대해 생각한 바와 발견한 것을 발표하도록 허락함으로써 그것이 학생 자신은 물론 다른 사람들에게도 유익이 되도록 해야 한다.

 이 활동 과정을 지도하는 교수는 훌륭한 관찰이 있을 때에 그것을 강화해 주어야 한다. 그러나 학생들의 견해가 목표에서 빗나간 것을 발견하게 되면, 성경 본문을 근거로 하여 분명하고 친절한 태도로 바로잡아 주고, 여러 가지 행동의 규칙들을 실천할 수 있는 어떤 기회가 있는지를 보여 주어야 한다. 학생들 사이에는 들은 것을 실천하도록 서로 권면해 주며 각자가 스스로 관찰하지 못한 행동의 규칙이 무엇인지를 질문하고 즉시 그것을 실천하는 신뢰와 우정이 있어야 한다. 그들이 서로를 감시하려면 상호 의견이 일치해야 하며, 또 서로가 그것에 적응하는지를 그에 합당한 우정의 권면으로 살펴보아야 한다. 그들은 여러 가지 상황에서 그들이 주어진 규칙에 비추어 어떻게 행동하였는지를 서로에게, 또는 교수에게 이야기해야 한다.

참석자들과 관계된 모든 일이 하나님의 말씀에 따라 검토되는 신뢰 관계에서는(그들은 다른 사람들에 대해 성급한 판단을 하거나 자신의 그룹에 속해 있지 않은 사람들을 판단하지 않는 법을 배워야 한다) 사람들이 얼마나 발전할 것이며, 특히 어느 곳에서 도움을 필요로 하는지 분명해진다. 교수는 경험이 많은 사람으로서 하나님의 말씀의 권위에 토대를 두고서 자신의 견해를 지적하는 것 외에는 달리 자신의 보호 아래 있는 신자들에게도 권위를 행사할 방법이 없을 것이다. 그리고 학생들의 경험이 풍부해짐에 따라 교수는 그들과 동료로서 협의할 수 있게 될 것이다.

이런 연습을 얼마 동안 하나님께 열심히 진정으로 기도하면서 계속하고, 특히 각 사람들이 성만찬 예비하기를 원할 때 집단 전체44)에게 자신의 양심의 상태를 묘사하며 항상 모임의 권고를 따라 행한다면 짧은 기간에 놀라운 경건의 발전이 있을 것이다. 그 계획이 실제로 시행된다면, 더욱 그들에게 유리하게 관심을 갖게 될 것이고, 마침내 참석자들은 (목회자들이 되어 다른 기독교인들을 지도하기 이전에) 의로운 사람이 되고, 남을 가르치기보다는 스스로 행하려고 애쓰는 사람들이 될 것이다. 우리 주님의 학교에서 가르치는 교사들은 마땅히 이렇게 되어야 한다. 나의 소중한 친구이며 주 안에서 사랑하는 형제인 스피첼(Gottlieb Spitzel)은 요셉의 환난[45]을 마음속으로 안타까워한 사람이다. 그는 자신의 저서인 『예수 그리스도의 옛 학교』(Vetus Academia Jesu Christi)[46]에서 유쾌하고 가치 있는 예를 들어 이것을 묘사하였다. 『학식이 있는 자의 경건한 명상』(Pius literati hominis secessus)[47]이라는 드물게 유익한 그의 저서도 경건한 신학자들을 훈련시키는 계획에 도움을 줄 수 있으며, 올바른 목표를 가지고 학문에 임하는 학생들이 읽으면 많은 유익이 있을 것이다.

6.

신학생들의 기독교적인 삶을 발전시키려는 목표를 지니고 있는 이러한 훈련들 외에도 학생들이 장차 목회를 할 때 다루어야 할 일들을 실습할 수 있도록 예비하여 주는 것도 유익할 것이다. 예를 들어 무식한 사람들을 가르치거나 병자들을 심방하거나 설교를 해보는 훈련이 있어야 한다. 특히 설교를 하는 데 있어서 그 목표가 덕을 세우는 데 있음을 학생들에게 지적해 주어야 한다. 그러므로 나는 교회가 보다 나은 상태로 발전하는 데 도움이 될 여섯째 제안을 추가한다. 즉 설교의 목적(신앙과 열매)이 청취자들에게서 최대한 이루어질 수 있도록 설교를 준비해야 한다.

오늘날 교회 내에 설교가 부족한 곳은 거의 없을 것이다.[48] 그러나 이렇게 많은 설교들 속에 부족한 것들이 많음을 발견하는 경건한 사람들이 많다. 설교자들 중에는 청중들이 이해하지 못하더라도 자신이 학식이 많다는 인상을 줄 수 있는 것들로 설교를 가득 채우는 사람들이 있다. 때로는 설교를 듣는 신자들 중 한 사람도 이해하지 못하는 외국어를 인용하기도 한다. 많은 설교자들은 자신의 설교 자료가 하나님의 은혜로 선정되고 전개되어서 청중들이 그 설교로부터 유익을 얻는 데 관심을 기울이기보다는 오히려 설교의 도입 부분을 잘 설정하고 효과적으로 전개하며, 기술적이면서도 충분히 함축적인 개요를 소유하며, 각 부분들을 연설의 원리에 따라 정확하게 취급하고 적당히 미화시키는 데 관심을 기울인다. 이것은 옳지 못한 일이다. 강단은 설교자의 재주를 자랑 삼아 표현하는 곳이 아니다. 강단은 하나님의 말씀을 평범하면서도 강력하게 전파하는 곳이다. 설교는 사람들을 구원하려는 거룩한 방편이므로 모든 것이 이 목적에 따라 행해져야 한다. 소수의 지식인들보다는 다수를 차지하고 있는 일반인들을 염두에 두어야 한다.

교리문답서[49]에는 기독교의 주요 원리들이 포함되어 있어 모든 사람들이 이 문답서를 통하여 믿음을 배우게 되므로, 어린이 교육[50]에 있어서 부지런히 이것을 사용해야 하며(문자가 아니라 의미에 따라 사용해야 한다), 만일 어른들이 참석할 수 있다면 그들의 교육에도 사용해야 한다. 설교자는 결코 이것에 싫증을 느껴서는 안 된다. 오히려 기회만 주어진다면 사람들에게 그들이 과거에 배웠던 것들을 설교를 통해서 되풀이하여 말해 주는 것이 좋을 것이며, 이렇게 하는 것을 부끄러워해서는 안 된다.

설교에 대한 그 밖의 사항들에 대해서는 언급하지 않고 넘어가겠지만, 다음의 것만은 주요한 사실이라고 생각한다. 기독교는 속사람 또는 새사람들로 구성되는데, 그것의 정수는 믿음이며, 그것의 표현은 생명의 열매이다. 설교는 이것을 목표로 해야 한다. 이 속사람에게 주시는 하나님의 귀한 은혜들로 말미암아 믿음과 속사람이 한층 더 튼튼해져야 한다. 한편, 사람들로 하여금 표면적인 악을 삼가고 덕을 연습하게 하여 겉사람에만 관심을 기울이는 것으로 만족하게 해서는 안 된다. 이런 것은 이교도들의 윤리로서도 성취할 수 있다. 우리는 심령 속에 올바른 기초를 놓고, 이 기초 위에 놓이지 않은 것은 위선임을 나타내며, 사람들로 하여금 먼저 내면적인 것(적당한 방법을 통하여 하나님과 이웃에 대한 사랑을 일깨워주는 것)에 착수하고 그 후에 적당히 행동하게 해야 한다.

그러므로 말씀과 성례라는 영적 방편이 속사람과 관계가 있음을 강조해야 한다. 말씀을 외면적 귀로 듣는 것으로는 충분치 못하다. 그것이 마음속으로 스며들어, 그곳에서 성령이 말씀하시는 것을 들을 수 있어야 한다. 다시 말해서 떨리는 감동과 위안으로 성령의 인침[51]과 말씀의 능력을 느껴야 한다. 또 세례를 받는 것만으로도 충분하지 못하다. 세례를 받음으로써 그리스도로 옷 입은 곳,[52] 즉 속사람이 우리의 표면적 생활에서도 계속 그리스도로 옷 입고 그를 증언해야 한다.

또 표면적으로 성찬을 받는 것으로는 충분하지 못하다. 우리의 속사람이 그 복된 음식을 먹어야 한다. 그리고 입술로 하는 표면적 기도만으로는 충분하지 못하다. 속사람 안에서 참되고 선한 기도가 일어나야 한다. 그 기도가 말로 표현될 때, 또는 우리 영혼 속에 그

냥 남아 있더라도 하나님은 그것을 발견하실 것이다. 그리고 표면적인 성전53)에서 하나님을 예배하는 것으로는 충분하지 못하다. 속사람은 외면적 성전에 있거나 다른 곳에 있거나 장소에 관계없이 자신의 성전에서 하나님을 가장 잘 예배한다.

   기독교의 참능력은 이런 것들로 이루어지므로, 설교도 그러한 방향을 향해야 한다. 그렇게 된다면, 현재보다도 훨씬 훌륭한 교화를 이룰 수 있을 것이다. 서문으로 기록되어 있는 요한 아른트의 귀중한 주해서에서 이것에 대한 훌륭한 예를 발견할 수 있다. 탁월한 설교자요 루터의 제자였던 그는(아른트는 대부분의 루터의 표현 양식을 모방했다. 그 중에는 잘못 해석된 것도 있다) 자신의 저서들에서 모든 것들을 진정한 핵심, 즉 속사람에 의존하게 하였다. 그러므로 그의 주해서에는 유사한 목표들이 있는바 그것들이 완전히 새롭게 개정되어 소개되어 있다. 생전에 그의 설교는 청중들을 놀랍게 교화시켰다. 그 이후로 수많은 경건한 사람들이 그가 사용한 방법과 복된 사역의 능력에 크게 감화를 받았으며, 그에게 귀중한 은사를 주신 하나님께 감사하였으며, 이 귀한 저자를 길이 기억하였다. 무엇보다도 그의 주해서가 여러 차례 재판되어 완전히 매진되었으며 그 수요가 계속 증가하고 있다는 사실이 이 훌륭한 책이 주는 유익을 증명한다. 다른 책들과는 달리 이 책은 저자가 사망함과 더불어 그 생명이 다하거나, 또는 한 번 읽고 난 뒤에는 그다지 즐거움을 주지 못하는 책이 아니다. 이 저자나 그의 저서는 나의 칭찬을 필요로 하지 않으며, 나의 증언을 통해서 그의 명성을 증가시킬 수 없다. 나는 제자로서 그분을 존경하는 것을 영광으로 생각한다. 만일 우리의 모든 가르침과 저술과 설교가 아른트의 설교를 본받는다면, 오늘날과 같은 많은 불평이 필요 없을 것이라고 확신한다.

나는 이 책을 칭찬하지 않고, 독자들 자신의 경험과 느낌에 맡기려 한다. 나는 다만 이 개정판을 어떻게 하면 유익하게 사용할 수 있는지를 기독교인 독자들에게 지적해 주려 한다. 독자들은 다음과 같은 점에 유의해야 한다.

(1) 이 개정판의 토대로 사용된 것은 메리안(Merian) 판[54]으로서 여러 사람들이 그것을 토론하고 세심하게 검토하였고, 거기서 발견되는 오류들을 바로잡았으며, 그 안에 생략되었던 것을 보충하였다. 그러므로 이 개정판에서 발견되는 내용은 메리안(Merian) 판의 서문에서 언급된 것들을 개선한 것들이다. 예를 들면 라틴어 인용문은 번역하였고, 간략하게 언급되었던 성경

본문이나 구절들을 완전히 기록하였다.

(2) 여러 곳에 흩어 놓았던 사순절 설교들을 한 곳으로 모아서 편집하여 독자들의 편의를 도우려 하였다. 부록에 있는 설교들도 같은 방법으로 정리하였다. 설교들은 적절한 곳, 또는 절기에 따라 합병하였다. 설교에 대한 색인을 과거의 색인과 비교해 보면 이것을 알 수 있을 것이다.

(3) 이 책을 인쇄하는 데 있어서 한 권의 책에 모든 내용을 수록하고 부피를 줄이려고 노력하였다.

(4) 성경 인용문들은 장(章)과 절까지 기록하였다. 그리고 독자들의 편의를 돕기 위해 저자가 인용하였으나 그 장과 절이 지적되지 않았던 본문들을 완전하게 수록하였다. 메리안 판에서도 이같이 약속했으나 이행하지는 못했었다.

(5) 우리는 이 귀한 저자 아른트가 시편[55]에 관해 저술한 신령한 저서에 교리 문답서[56]에 대한 그의 해설을 부록으로 수록하려

했었다. 교리와 위로에 대한 그의 소책자,[57] 그리스도와의 연합에 대한 교리,[58] 그리고 『진정한 기독교』의 가르침을 반복하고 옹호한 저서 및 『진정한 기독교』는 최근에야 다시 출판되었다. 그의 저서[59] 『낙원의 정원』(Garden of Paradise)[60]은 어디에서나 쉽게 구입할 수 있다.

우리의 목표는 이런 책들에는 기록되지 않았으나 이 훌륭한 저자가 남긴 모든 것을 이 한 권의 책 속에 담으려는 것이다. 우리가 부지런히 찾은 끝에 발견한 것은 어느 통치자의 즉위식과 의회의 개회식에서 행한 몇 편의 설교,[61] 그리고 선물용 성경[62]의 제목으로 그가 제안한 것뿐이다. 그 중에서 나중에 언급된 것은 아른트의 것이 아니라 그를 숭배하는 사람의 것이라고 주장하는 이도 있다. 그러나 이 책에서는 그것들도 함께 출판했다.

(6) **어느 책에서든지 제대로 작성된 색인은 훌륭한 장신구일 뿐 아니라**(어떤 사람이 자신의 훌륭한 친구이며 유명한 신학자가 저술한 책에 색인이 없거나 혹 있다고 해도 빈약한 것을 보고서, 그의 책들은 훌륭하게 치장한 신부가 화환을 걸지 않은 것과 같음을 기억하라고 말

했다), 이미 읽은 본문을 다시 정리하거나 모든 것들을 보다 훌륭한 목적에 적용하는 데 도움이 된다. 따라서 이 책에는 설교 색인, 성경 본문 색인, 주제별 색인이 수록되어 있다. 이와 같이 이 개정판에는 이전에 발행된 판에는 없던 것들이 보완되어 있다.

이처럼 모든 것이 수고와 비용을 아끼지 않고 세심하게 계획되었으므로 독자들은 이 책에서 풍부한 즐거움을 누리게 되며, 하나님의 도우심을 받아 이 책을 사용함으로써 독자들 자신의 덕을 세우는 데 크게 유익할 것이라고 확신한다. 이 개정판에 대한 보고서에서 더 이상의 설명은 추가하지 않겠다. 앞에서 지적한 바와 같이, 독자들이 이 책을 통하여 어떤 유익을 얻느냐는 독자 자신의 판단과 경험에 달려 있다.

또 한 가지 내가 진심으로 권면하는 것은 다음과 같다. 독자들은 이 책이나 이 사랑하는 저자가 저술한 다른 책들을 읽다가 언뜻 보기에 이상하게 느껴지는 표현이나 가르침을 발견하더라도 결코 성급한 결론을 내리지 말고 그것의 참된 의미를 곰곰이 생각해 보고 열심히 기도해야 한다. 그러면 모든 것들이 성경 및 그곳에서 우리를 위해 규정한 교훈의 방법과 일치하며 이단과는 거리가 멀다는 것을 발견할 수 있을 것이다. 그것은 진정한 정통주의 및 정통주의가 목표로 하는 것, 즉 속사람의 배양을 목표로 하고 있다(교리적인 진술들로 이루어지는 공허한 정통주의가 아니라 효과적인 기독교에 대한 살아 있는 지식이다).

이런 관점에서 『진정한 기독교』를 비롯하여 아른트의 저서들을 읽는 독자들에게 바레니우스(Henry Varenius)[63]가 쓴 『진정한 기독교의 옹호론』을 잘 이용할 것을 권한다. 그 책에서 그는 참된 경건을 "섬김"이라고 표현하였다. 이 책을 읽으면서 다른 사람들이 오해했던 구절들을 올바르게 검토하면 거기에 얼마나 감명 깊고 교훈적인 것들이 놓여 있는지 알게 될 것이다. 바레니우스의 책이 다시 출판되어 널리 알려지거나, 또는 이 책을 잘 알고 있는 사람이 아른트에 대한 올바른 이해와 옹호에 관련된 설명들만을 간추려 출판하기를 바란다.

결론적으로 은혜로우시며 모든 선한 것들을 주신 하나님이 오래 전에 하나님의 평화 속에 들어온 신실한 종들로 하여금 많은 선한 말씀의 씨앗을 뿌리도록 허락하셨던 것처럼, 그리고 이제까지 경건한 심령 속에 떨어진 많은 씨앗들을 축복하셔서 많은 열매를 맺게 하신 것처럼, 지금까지도 읽히고 있으며 이 개정판의 출판을 통하여 더 널리 읽히게 될 이 책을 계속 축복하여 주시고, 성경과 주일 설교를 통하여 자신의 영성 계발을 이루기 원하는 경건하고 단순한 사람들이 이 책에서 그것을 풍성하게 발견하고 하나님께 감사의 열매를 돌려 드리게 되기를 간절히 기원한다.[64] 또 많은 설교자들이 이 양식을 따라 단순하고도 강력하게 기독교의 본질을 설교할 수 있게 되기를 기원한다. 그것이 이제까지 우리가 개탄해 온 교회의 비참한 상태를 개선하기 위한 수단으로 쓰일 수 있기를 기원한다. 그러나 이 모든 일이 하나님의 영광과 예수 그리스도의 나라의 발전을 위한 것이 되기를 간절히 바라는 바이다. 아멘.

1675년 3월 24일
프랑크푸르트 암 마인에서
필립 야곱 스페너

1) 청교도주의, 경건주의, 복음주의에 대한 간단하고도 훌륭한 문서를 분석해 보려면 John McNeill, *Modern Christian Movements*(Philadelphia : Westminster Press, 1954), 15-103쪽을 보라. 청교도주의와 경건주의의 유사점과 차이점을 알려면 71-74쪽을 보라.

2) Richard Baxter, *Reliquiae Baxterianae, of Mr. Richard Baxter's Narrative of the Most Memorable Passages of his Life and Times*, 1696 ed., pp. 2, 3. 이것은 Hugh Martin이 저술한 백스터의 자서전 *Puritanism and Richard Baxter* (London : SCM. Press, 1954)에서 인용한 것이다.

3) 보다 충실한 참고문헌으로는 T. G. Tappert, "Orthodoxism, Pietism, and Rationalism : 1580-1830," in *Christian Social Responsibility*, ed. Harold C. Letts (3 vols., Philadelphia : Muhlenberg Press, 1957), II, 36-88을 보라.

4) Friedrich Uhlhorn, *Geschichte der deutsch-lutherischen Kirche* (vols, Leipzig: Dorffling & Franke, 1911), I, 1698에서 인용함.

5) Philip Melanchthon, "Treatise on the Power and Primacy of the Pope" (1537), sec. 54, in *The Book of Concord*, trans. and ed T. G. Tappert et al (Philadelphia : Muhlenberg Press, 1959), p. 329.

6) 비텐베르크 대학의 교수인 레이제르(Polycarp Leyser)가 일련의 주제에 붙인 명칭은 "Whether, How, and Why one Should Have Fellowship with and Place Confidence in the Papists rather than with and in the Calvinists" (1602)이었다. 당시에는 "복음주의 개혁주의 신학자들"이라는

표현에서 보는 바와 같이 루터파를 "복음주의자들"이라고 불렀다. 스페너도 『경건한 소원』에서 이 용어를 사용했다.

7) John Gerhard, *Sacred Meditations*, translated from the Latin by C. W. Heisler (Philadelphia, 1896).

8) Paul Grünberg, *Philipp Jakob Spener* (3 vols., Göttingen, 1893-1906), I, 27.

9) 스페너의 생애에 대해서는 특히 앞에서 인용한 책 Grünberg, I, 125-381을 보라. 유명한 전기로는 Hans Bruns, *Ein Reformator nach der Reformation: Leben und Wirken P. J. Spener* (Marburg: Spener Verlag, 1937)가 있다. 영어로 출판된 M. E. Richard의 *P. J. Spener and his Work*는 너무 간략하여 만족스럽지 못하며, Karl A. Wildenhahn의 *Philip Jacob Spener* (Philadelphia: J. F. Smith, 1881)는 소설처럼 각색한 것이다.

10) John Arndt, *True Christianity*, trans, and ed. A. W. Boehm and Charles F. Schaeffer (Philadelphia: Smith, English & Co., 1868), p. xxxi.

11) John T. McNeill, *op. cit.*, p. 53에서는 이것을 출판되지 않은 영국의 사본에서 번역된 것으로 추측한다.

12) Carl Hildebrand von Canstein, *Ausführliche Beschreibung der Lebens-Geschichte···des seligen Herrn D, Philipp Jacob Speners, in Speners Kleine Geistliche Schriften*, ed. J. A. Steinmetz (2 vols., Magdeburg,

1741), I, 16.

13) *Kurzer Unterricht von andächhtiger Betrachtung* (Frankfurt, 1667). Grünberg, op. cit., I, 170 ; III, 253을 보라

14) Cf. J. M. Batten, *John Dury, Advocate of Christian Reunion* (Chicago : University of Chicago Press, 1944).

15) Spener, *Erbauliche Evangelisch und Epistoliche Sonntags-Andachten* (Frankfurt, 1716), p. 638, quoted in Grünberg, op. cit., I, 165.

16) "Foretaste of Divine Goodness" (Wolfenbüttel, 1643). 루에트케만은 아른트와 동일한 전통을 나타내며, 아른트와 마찬가지로 스페너의 선구자이다.

17) Grünberg, op.cit., III, 213-264에서는 약 300여 가지의 출판 목록을 싣고 있다. 여기에는 설교, 경건에 대한 소책자, 다른 사람의 책에 기고한 서문, 교리문답에 대한 저서, 역사에 관한 책, 문장학, 계도학, 서신 등이 있다.

18) Ibid., III, 253, 254.

19) 가장 훌륭하게 현대화한 발췌본은 *Hauptschriften Philipp Jakob Speners*, ed. Paul Grünberg, Vol. XXI of the *Bibliothek theologischer Klassiker* (Gotha: F. A. Perthes, 1889).

20) Kurt Aland가 "Kleine Texte für Vorlesungen und Übungen" 시리즈로 편집한 *Philipp Jakob Speners Pia Desideria* (Berlin: Walter de Gruyter,

1940, 1952) 원문이 있다. 본 번역서의 토대로서 이 원문이 알란트 교수의 허락 하에 사용되었다. 작은 표제들은 독자들의 편의를 위해 번역자들이 추가한 것이다.

21) Kurt Aland, *Spener-Studien* (Berlin: Walter de Gruyter, 1943), pp. 34-40을 보라. 그 두 가지 견해의 내용은 『경건한 소원』의 원문 뒤에 실려 있다.

22) Kurt Dietrich Schmidt, "Labadie und Spener," in *Zeitschrift für Kirchen geschichte*, 46 (1928), pp. 565-583.

23) Aland, *Spener-Studien*, pp. 57, 58 전체 요지를 보려면 pp. 41-62를 보라.

24) 『영적 제사장직』의 영역본으로는 Henry E. Jacobs, *A Summary of the Christian Faith* (Philadelphia: General Council Board of Publication, 1905), pp. 581-595를 보라.

25) 『타락한 기독교 신앙에 대한 비판과 올바른 신앙생활』의 원문을 보려면 *Hauptschriften Philipp Jakob Speners*, ed. Paul Grüberg, pp. 115-183을 보라.

26) Cf. "Philipp Jakob Spener : sein Lebensweg von Frankfurt nach Berlin, 1666-1705," in Kurt Aland, *Kirchengeschichtliche Entürfe* (Güttersloh: Gerd Mohn. 1960), pp. 523-542.

27) *De impedimentis studii theologici* (1690). Hauptschriften, pp. 184-231에는 독일어 번역이 실려 있다.

28) *The Journals of Henry Melchior Muhlenberg*, ed. and trans. T. G. Tappert and J. W. Doberstein (3 vols., Philadelphia : Muhlenberg, 1942-1958), I, 4-9.

29) Grünberg, *Philipp Jakob Spener*, I, 269.

30) Hans-Martin Rotermund, *Orthodoxie und Pietismus* (Berlin: Evangelische Verlagsanstalt, 1960), p. 8. 이것은 뢰쉐르(Valentine Ernest Löcher)의 시각에서 본 이들의 논쟁과 그 이후의 논쟁을 다루고 있다.

31) Spener, *Theologische Bedencken* (4 vols., Halle, 1700-1702); *Letzte Theologische Bedencken*, ed. Baron von Canstein (3 vols., Halle, 1711); *Consilia et Iudicia Theologica Latina*, ed. Spener's heirs (Frankfurt, 1709). 이것들은 여러 번 재판되었는데, 때로는 요약판으로 출판되기도 했다.

32) Cf. John R. Weinlick, *Count Zinzendorf* (Nashville: Abingdon Press, 1956).

33) Cf. Martin Schmidt, *John Wesley, a Theological Biography*, Vol. I, 170-173 (Nashville: Abingdon Press, 1963); Arthur W. Nagler, *Pietism and Methodism* (Nashville: Smith & Lamar, 1918); R. N. Flew, *The Idea of Perfection in Christian Theology: an Historical Study* (London: Oxford University Press, 1934).

34) 스페너의 신학에 대해서 알려면 Grünberg, *Philipp Jakob Spener*, I, 383-526; Emanuel Hirsch, *Geschichte der neuern Evangelischen Theologie* (5 vols., Güersloh: C. Bertelsmann, 1949-1954), II, 91-155를 보라.

35) Cf. Albrecht Ritschl, *Geschichte des Pietismus* (3 vols., Bon: Marcus, 1880-1886).

36) Martin Schmidt, "Spener und Luther," in Luther-Jahrbuch, Vol. XXIV (Berlin, 1957), pp. 102-129.

37) Ibid., pp. 128, 129.

38) Dale Weaver Brown의 박사학위 논문, "The Problem of Subjectivism in Pietism: A Redefinition with Special Reference to the Theology of Philipp Jakob Spener and August Hermann Francke" (Evanston, Garrett Theological Seminary and Northwestern University, 1962)를 보면 계속적인 관심의 증거가 나타나 있다.

인사말

1) 사 55:10-11 참조.

2) 막 4:28 참조.

3) 마 6:9-10 참조.

4) 1675년 봄.

5) 복음서에 대한 아른트(1555-1621)의 설교들은 1616년 *Postilla, Auslegung der Sonntagsevangelien*이라는 제목으로 처음 출판되었다.

6) Johann David Zunner는 코펜하겐에서 암스테르담 서적상과 함께 일하였으나, 후에 프랑크푸르트에서 자신의 사업에 착수하여 주요한 출판업자가 되었다.

7) 1666년 이후로 스페너는 프랑크푸르트 암 마인 교회에서 수석 목사(모든 목사들을 관할하는 목사)로 시무하였다.

8) 연례 춘계 도서 박람회까지 시간이 얼마 남지 않았으므로 이 책은 서둘러 인쇄되었다.

9) 고전 12:10; 요일 4:1 참조.

10) 스페너의 매부였으며 빈드샤임의 감독이었던 John Heinirch Horb는

*Erfordertes Bedencken Auff Hn. Philipp Jacob Speners···Teutsche Vorrede zu dess seligen Arndii Postill*을 저술했다.

11) 요아힘 스톨(1615-1678)은 스페너의 스승이었으며 후일 그의 매형이 되었다. 그는 1647년 이후로 라폴스타인의 궁중 목사로 일하였으며, *Ferneres Bedencken Eines andern Christlichen und Wohlerfahrenen Theologi*를 저술했다.

12) 스트라스부르크에서 스페너를 가르쳤던 도르쉐(Johann Dorsche, 1579-1659)는 *Admirandorum Jesu Christi Septenarius* (Hamburg, 1646)에서 그렇게 주장하였다.

제1부

1) 마 16:3.

2) 폴리갑, 『유세비우스의 교회사』, V, 20에서 인용됨.

3) 예를 들면 마태복음 24:6-8이 있다.

4) 로마, 또는 로마 가톨릭교회.

5) 겔 22:18-22; 고전 3:13-15.

6) Rufinus, *Ecclesiastical History*, X, 33.

7) Christian Korthold, *Creutz-und Gedult-spiegel, aus Güttlicher Schrifft und der alten und neuen Kirchen-Historie fürgestellet* (Frankfurt, 1676). 스페너는 코르트호르트의 충고를 따라 드레스덴에 부임하였다.

8) 수 7:2-26.

9) 삿 20:21-28.

10) 내용이 전개됨에 따라 분명해지는 바 사회적, 종교적 계층을 나타낸다.

11) 계시록 3:9에는 이사야 49:23을 암시하는 내용이 있다.

12) Magistraten, 즉 세속의 통치자들.

13) 행 18:12-17 참조.

14) 십계명 중 하나님께 대한 의무를 다루는 처음 세 개의 계명.

15) 17세기 말엽 유럽 대륙에서는 때때로 루터파들이 개혁파 통치자 밑에서, 개혁파들이 루터파 통치자 밑에서, 또는 프로테스탄트들이 가톨릭 통치자 밑에서 생활하였다.

16) Chrysostom, *Homilies on the Gospel of Matthew*, 38. 스페너는 라틴어 역본과 독일어 역본을 인용하였다.

17) Stephan Praetorius라는 필명을 사용한 사람들이 여럿 있다. 여기에서는 아마도 Christian Hohburg를 언급하는 듯하다. 그는 *Spiegel der Misbrauche beym Predig-Amt*(1644)와 *Ministerii Lutherani Purgatio: Das ist Lutherischer Pfaffenputzer*(1648)를 저술하였다.

18) 에베소서 4:21에서는 "의로운 행위" 대신에 예수 안에서의 진리를 언급한다.

19) 독일의 신비주의자이며 범신론자인 Valentin Weigel(1533-1588)의 추종자들. 17세기에는 신뢰할 수 없고 이단적이며 반교회적인 사람들을 모두 "바이겔주의자"(Weigelian)라고 불렀다.

20) 마이스너(Balthasar Meisner, 1587-1626)는 생애의 마지막 13년 동안 비텐베르크 대학에서 신학 교수로 재직하였다.

21) Johann Ludwig Hartmann, *Pastorale Evangelicum seu instructio plenior ministrorum verbi* (1678). Hortmann(1640-1680)은 타우버 강을

내려다보는 로텐부르에서 감독으로 일하였다.

22) Johann Gerhard(1582-1637)는 17세기 루터파의 중요한 조직신학자였으며 『신학통의(通義)』(*Loci communes theologici*, 1609-1622)라는 방대한 저서로 잘 알려져 있다. 여기에 인용된 시는 Hartmann, op. cit. II, 232에 그 원전을 밝히지 않고 등장한다. 여기에 기록된 시는 라틴어로 된 것을 전혀 운율을 고려하지 않고 번역한 것이다.

23) 시 11:3.

24) 암 6:6 참조.

25) *Epistles*, 1. 그레고리는 4세기의 신학자요 감독이었다.

26) Christoph Scheibler, *Manuale ad theologian practicam* (Frankfurt, 1630).

27) *Aurifodina theologica, oder Theologische und geistliche Gold-Grube*(1664). Aurifodina는 금광을 의미한다.

28) David Chytraeus, *Oratio de Studio Theologiae* (Wittenberg, 1581).

29) Heinrich Varenius, *Christliche, Schrifftmässige, wohlgegründete Rettung der vier Bücher vom wahren Christenthum*(2nd ed. ; Lüneburg, 1689).

30) Johann Affelmann, *Syllabus exercitationum Theologicarum de praecipuis quibusdam christianae religionis articulis* (Rostock, 1620). 스페너는 이 인용문을 먼저 라틴어 원문 그대로 싣고, 그 후에는 독일어로

번역하였다.

31) Bernard of Clairvaux, *Sermons on the Song of Songs*, XXIV, 8.

32) 알텐부르크 판 루터의 저서 제2권을 언급한 것이다. 바이마르 판(이후로는 WA로 칭함) 루터의 저서 1011, 165, 166 : "Epistle of Instruction from the Saints to the Church in Erfurt," 1522를 보라.

33) 메클렌부르그(Mecklenburg)의 공작들은 키트레우스(David Chytraeus, 1531-1600)에게 로스톡 대학을 개편하라고 요구했으며, 오스트리아의 귀족들은 그에게 새로운 교단을 세워줄 것을 요구했다. 그는 콘코드 신조 (Formula of Concord, 1577)가 작성된 토르가우(Torgau)와 베르겐 (Bergen) 회의에도 참석하였다.

34) *Epistolae* (Hannover, 1614), p. 348에 실려 있는 것으로서 아이스레벤의 감독 멘젤(Hieronymus Menzel)에게 보낸 편지이다.

35) Ibid., pp. 500-501. "복음서의 저자 요한의 축일에" 쓴 편지.

36) Nikolaus Selnecker, 1530-1592, Der gantze psalter des Königlichen Propheten Davids aussgelegt (Nürnberg, 1569).

37) 딘켈(Johannes Dinckel, 1545-1601)은 루터의 *Betbüchiein*을 출판하였으나 오늘날에는 그 사본이 남아 있지 않다.

38) 안드레(Johann Valentin Andrae, 1586-1654)의 저서 중에는 *Christianopolis, an Ideal State*, trans. F. E. Held (New York, 1916)가 있다.

39) 라틴어: "이것은 들으려 하지 않는 사람들을 위한 이야기이다."

40) *Dominus Christophorus Zellerus…suprema laudatione celebratus…a Balthasare Raithio*(Tübingen, 1669), p. 17. 젤러(Christoph Zeller, 1605-1669)는 뷔르템베르크 감독회의 의원이며 목사였다. 라이드(Balthasar Raith, 1616-1683)는 튀빙겐 대학의 교수였다.

41) 벨러(Jakob Weller, 1602-1664)는 비텐베르크 대학 교수였다.

42) 이 인용문은 보다 짧은 라틴어로 표현되었으며, 그리고 독일어로 번역되었다.

43) 고전 3:12. 참조.

44) 사 3:9; 창 19:1-14 참조.

45) 마 7:12 참조.

46) 마 22:39 참조.

47) 행 2:44-45; 4:32-37 참조.

48) 레 27:30-33; 민 18:21-24; 신 14:22-27; 26:12-15 참조.

49) Paul Tarnov, *De novo evangelio quod sit causa omnium calamitatum*…(Frankfurt, 1697). Tarnov(1562-1633)는 1624년 로스톡에서 이 연설을 하였다. 그리고 스페너는 자기 자신의 가르침이 새로운 것이 아님을 나타내기 위해 이것에 호소하였다.

50) 루터의 *Small Catechism*, IV, 6.

51) 대부분의 루터파 사람들은 요한복음 6:25-65이 실제로 먹고 마시는 것이 아니라 영적으로 먹고 마시는 것을 언급한다고 주장한다. 그러므로 성찬을 언급하는 것이 아니라고 주장한다.

52) WA, DB, 7, pp. 9, 10. English in *Works of Martin Luther* (이후로는 WML이라고 함) (6 vols., Philadelphia: A. J. Holman Co., 1915-1932), 6, 451, 452, and in *Luther's Works* (이후로는 LW로 언급함) (55 vols., Philadelphia and St. Louis, 1j955-), 35, 370.

53) 1700년, 스페너는 친히 루터의 Kirchenpostille의 출판을 준비하였다. WA, 22를 보라.

54) 라틴어: "단순한 표면적 행위." 스페너가 이것을 어떻게 이해했는지는 그 다음 문장을 통해 분명히 드러난다.

55) Johann Arndt, *Wahres Christenthum*, II, i v, 3. John Arndt, *True Christianity*, trans. A. W. Boehm and Charles F. Schaeffer(Philadelphia, 1868), p. 175.

56) *Ibid.*, pp. 175-177.

57) *Dissertatio inauguralis de mysterio apostolico divino Rom. XI*, v. 25, 26 (Rostock, 1658). 헬비히(Helwig, 1631-1684)는 베를린에서는 교구 목사로, 스톡홀름에서는 독일인 목사로, 에스토니아에서는 감독으로, 레발(탈린)에서는 장로회의 의장으로 활동했다. 스페너는 이 인용문을 먼저는 라

틴어 그대로 인용하고 그 후에 독일어로 번역했다.

58) Wilhelm Zesch, *Einfältige Antwort auf die fürgelegte Glaubens-frag: Ob die Evangelisch…Kirche…sey die wahre Apostolisch-Catholisch order Christliche Kirche…verteidiget wider P. Casparum Sevenstern der Jesuitischen Societat Priestern* (Frankfurt, 1673). 제쉬(Zesch, 1629-1682)는 베르트하임에서 감독으로 있었다.

59) 암 6:6 참조.

60) 대하 36:22-23; 스 1-3 참조.

61) 스 4 참조.

62) 학 1:7-15 ; 스 5:1-2 참조.

63) 창 9:20-27 참조.

제2부

1) 잠 21:25.

2) Erasmus Sarcerius, *Von mitteln und wegen, die rechte und wahre Religion…zu befordern und zu erhalten* (1554). 이 책이 출판되던 당시 사르세리우스(Sarcerius, 1501-1559)는 아이슬레벤의 감독으로 재임했다.

3) 희랍 신화에 의하면 사르다나팔루스(Sardanapalus)는 앗시리아의 마지막

왕으로서 자신의 애첩과 함께 자신을 화형대 위에 올려놓았다고 한다.

4) 즉 이상적인 상태.

5) Tertullian, *Ad Nationes* I. i v. 스페너는 먼저 라틴어 원문을 인용한 후, 그 것을 독일어로 번역하였다. 터툴리안은 3세기 초에 이것을 저술하였다.

6) Ignatius, *Epistle to the Ephesians* xiv (longer version), 헬라어 원문을 인용한 후, 독일어로 번역하였다.

7) Eusebius, *Ecclesiastical History* IV. vii. 3 in Greek and German.

8) Tertullian, *To Scapula* iv, in Latin and German.

9) Justin Martyr, *Second Apology.*

10) Tatian, *Address to the Greeks* XXXIII. 2, in Greek and German.

11) Origen, *Against Celsus* I, ixiii.

12) 엡 4:1.

13) Origen, *op. cit.*, III. ii.

14) Justin Martyr, *First Apology* xvi.

15) Pliny the Younger, *Epistulae* X. 96.

16) Johann Conrad Dannhauer, *Christeris sive Drama Sacrum* (Strasbourg, 1646). 단하우어는 스트라스부르크 대학에서 신학 교수로 일하였다.

17) Balthasar Bebel, *Antiquitates Ecclesiae in tribus prioribus post natum Christum Seculis* (Strasbourg, 1669). 베벨(1632-1686)은 스트라스부르크에서 스페너와 함께 공부하였으며, 후에는 스트라스부르크와 비텐베르크에서 교수로 활동했다.

18) Johann Saubert, *Zuchtbüchlein der Evangelischen Kirchen* (Nürnberg, 1633).

제3부

1) 프랑크푸르트 암 마인. 17세기 독일에서는 평일에도 자주 설교를 하였다. 부유한 후원자들은 특별한 설교자들로 하여금 일련의 설교를 하게 하였다.

2) 교회력에 따라 낭독되는 성구.

3) Andreas Hyperius, *De sacrae scripturae lectione ac meditatione quotidiana, omnibus omnium ordinum hominibus christianis perquam necessaria libri* II (Basel, 1561). 저자(1511-1564)는 마르부르크 대학 신학 교수였다. 그의 루터주의는 칼빈주의의 영향을 받았음이 분명하다.

4) *Ein trewer und Christlicher Rath. Wie man die Heilige Schrifft teglich lesen und betrachten soll* (Mülhausen, 1562).

5) 베옐(Veyel)판도 역시 동일한 제목 하에 출판되었다(Ulm, 1672).

6) Luther's preface in Vol. I of the Wittenberg edition of his German works (1539). WA, 50, 657, 658. English in *WML*, I, 7-9; *LW*, 34, 283-285.

7) Cf. WA, *Tischreden*, 4, 87, 432, 433 ; 5, 661, 662.

8) *De instituendis ministris Ecclesiae ad Clarissimum Senatum Pragensem Bohemiae* (1523), in WA, 12, 169-196. English in LW, 40, 7-44.

9) Johann Vielitz, *Regale Sacerdotium, Das ist : Die hochnötige und zugleich anmütige heilsame Lehre von dem Geist und Königlichem Priesterthumb, in dreyen Puncten und Predigten* (Quedlinburg, 1640). 스페너는 1671, 1677년에 이 일련의 설교들을 재판하였으며, 1677년 판에는 영적 제사장직에 대한 스페너 자신의 논문도 함께 수록하였다.

10) Jerome, *Commentary on the Epistle to the Galatians* III. 6.

11) Arndt, *Wahres Christenthum*, IV, ii 22-28. English translation, pp. 474-487.

12) 슥 3:2 참조.

13) 마 22:39.

14) Arndt, op. cit., I, 39. English translation, p. 132 (chapter heading).

15) Ibid., I, 37. English translation, p. 122 (chapter heading).

16) Ibid., I, 38. English translation, p. 129 (chapter heading).

17) WA, 40III, 361, "Lectures on the Psalms of Degress" (1532-1533), on Ps. 130:5. 루터의 라틴어 원문을 소개한 후 독일어로 번역하였다.

18) 레 10:1 참조.

19) Johann Matthäus Meyfart(1590-1642)는 에르푸르트 대학의 교수였다. 그의 저서로는 *Christliche Erinnerung von der Auss der Evangelichen*

Hochen Schulen in Teutschlandt an manchem ort entwichenen ordnungen und Erbaren Sitten, und bey dissen Elenden Zeiten eingeschlichenen Barbareyen (1636)이 있다.

20) Gregory Nazianzen, *Carmina* 119.

21) Justin Martyr, *Discourse to the Greeks* 35.

22) Theologia habitus practicus est, 17세기 정통주의 신학자들의 공통적인 주장.

23) Johann Schmidt, *Libellus repudii oder Schrecklicher Scheid-und Absagbrieff dess eiverigen, gerechten Gottes, an alle Unbussfertige und Heuchler* (Strasbourg, 1640). 슈미트(1594-1658)는 스트라스부르크 대학 신학 교수였다.

24) 마 24:15 참조.

25) Abraham Calov, *Paedia theologica de methodo studii theologici* (Wittenberg, 1652), pp. 57, 58. 칼로브(1612-1680)는 비텐베르크 대학 교수였으며, 정통주의 신학자들 중에서도 가장 논쟁적인 학자 중의 하나였으나 스페너의 친구였다.

26) Johann Gerhard, *Harmoniae Evangelistarum*, 1626-27 (Frankfurt, 1652), II, 2, p. 1333. 스페너는 게르하르트의 라틴어 원문을 먼저 인용한 뒤, 그것을 독일어로 번역하였다.

27) 삼상 17장.

28) Nikolaus Hunnius, *Consultatio, Oder Wohlmeinendes Bedencken, ob und wie die Evangelische Lutherische Kirchen die jetztschwebende Religionsstreitigkeiten entweder friedlich beylegen, oder durch Christliche und bequeme Mittel fortstellen und endigen mögen*(1632). 훈니우스(1585-1643)는 비텐베르크 대학 교수였으며, 후일 뤼벡에서 감독으로 일하였다. 그는 선택된 사람들의 직무에 의해 교리적 분쟁이 해결된다고 주장했다.

29) 그 당시에 흔히 사용되던 라틴어를 사용하지 않았다.

30) Christoph Scheibler, *Manuale ad theologiam practicam* (Frankfurt, 1630).

31) 익명의 신비주의자의 작품으로서 14세기의 것인 듯하다. English transtation: *Theologia Germanica*, ed. Joseph Bernhart (New York: Pantheon Books, 1949).

32) 다른 저서들은 타울러(John Tauler, 1300-1361년경)의 것으로 간주되어 왔으나, 그의 설교들만이 틀림없는 그의 것인 듯하다. 스페너는 이 책의 서문을 썼다(Frankfrut, 1681).

33) 1516년 12월 14일 루터가 스팔라틴(George Spalatin)에게 보낸 것으로서 WA, Br, 1. 79에 수록됨.

34) 1517년 5월 6일 루터가 스팔라틴(George Spalatin)에게 쓴 것으로서 WA, Br, 1. 96에 수록됨.

35) "면죄부의 가치에 대한 논쟁 설명"(1518), in WA, 1, 557 ; cf. English translation in LW, 30, 129.

36) 고전 4:10 참조.

37) "Preface to the Complete Edition of a German Theology" (1518), in WA 1, 378 ; cf. English translation in LW, 30, 75.

38) John Arndt, *True Christianity*의 색인을 보라.

39) Thomas a Kempis, *Nachfolgung Christi* (Leipzig, 1671). 올레아리우스 (Olearius, 1611-1684)는 할레와 비센펠스의 궁중 목사였으며 스페너의 『경건한 소원』을 기쁨으로 받아들였다.

40) Ephraem Syrus, *Opuscula omnia* (Colognen, 1547). 에브라임은 4세기에 수도사들에게 설교한 사람이었다.

41) David Chytraeus, *Oratio de studio theoloiae* (Wittenberg, 1581).

42) Augustine, *Christian Doctrine* II, 11.

43) Luther, "Operationes in Psalmos" (1519-1521), commenting on Ps 5:12, in WA, 5, 163.

44) Collegium. "The collegium pietatis"는 개인적인 거룩함을 배양하기 위한

모임이었다.

45) 암 6:6 참조.

46) Gottlieb Spitzel, "Old School of Jesus Christ" (Augsburg, 1671).

47) Gottlieb Spitzel, "Pious Retreat of the Learned Man" (Augsburg, 1669).

48) 제3부의 주 1을 보라.

49) Luther's Small Catechism(1529) with accompanying instruction.

50) **Kinderlehre**, 어린이 및 성인의 교리 문답에 대한 공적인 교육이 주일 오후에 개최되었다.

51) 엡 1:13 ; 4:30 참조.

52) 갈 3:27 참조.

53) 고전 3:16 참조.

54) 메리안(Matthaus Merian, Jr., 1621-1687)이 프랑크푸르트에서 출판하였다.

55) *Der gantze Psalter Davids, des h. Königs und Propheten*, in 462 Predigten ausgelegt und erklart.

56) *Der gantze Kleinere Catechismus des grossen Lutheri sel.*

57) *Lehr und Trost-büchlein, vom Glauben und heiligen Leben, zum wahren Christenthumb gehörig.*

58) *Von der vereinigung der Gleubigen mit Christo Jesu ihrem Haupt.*

59) *Repetitio Apologetica, oder Wiederholung und Verantwortung der Lehre vom wahren Christenthumb.*

60) Paradiess-Gärtlein. 「낙원의 정원」(Garden of Paradise, London, 1719)이라는 익명의 영역본이 있다.

61) Eine Huldigungs predigt···Auch eine Landtages Predigt.

62) *Informatorium biblicum: Das ist, Etzliche christliche Erinnerungs Puncten, so als ein Denckmahl im eingang einer Bibel sollen geschrieben werden.*

63) Heinrich Varenius, Christliche, Schrifftmässige, wohlgegründete Rettung der vier Bücher vom wahren Christenthum (2nd ed. : Luneberg, 1689).

64) 히 13:15 참조.